RUMO AO LUGAR DESEJADO

TIAGO BRUNET

RUMO AO LUGAR DESEJADO

Os segredos do desenvolvimento pessoal

©2017, Tiago Brunet

Editora Vida
Rua Conde de Sarzedas, 246 – Liberdade
CEP 01512-070 – São Paulo, SP
Tel.: 0 xx 11 2618 7000
atendimento@editoravida.com.br
www.editoravida.com.br

Todos os direitos desta obra reservados por Editora Vida.

PROIBIDA A REPRODUÇÃO POR QUAISQUER MEIOS, SALVO EM BREVES CITAÇÕES, COM INDICAÇÃO DA FONTE.

Todos os grifos são do autor.

Scripture quotations taken from Bíblia Sagrada, Nova Versão Internacional, NVI®.
Copyright © 1993, 2000, 2011 Biblica Inc.
Used by permission.
All rights reserved worldwide.
Edição publicada por Editora Vida, salvo indicação em contrário.

Editor responsável: Gisele Romão da Cruz
Assistente editorial: Amanda Maiara Santos
Preparação: Marcelo Smargiasse
Revisão de provas: Josemar de Souza Pinto
Projeto gráfico: Claudia Fatel Lino
Diagramação: Carolina Prado
Capa: Arte Vida

Todas as citações bíblicas e de terceiros foram adaptadas segundo o Acordo Ortográfico da Língua Portuguesa, assinado em 1990, em vigor desde janeiro de 2009.

1. edição: set. 2017
1ª reimp.: nov. 2017
2ª reimp.: dez. 2017
3ª reimp.: maio 2018
4ª reimp.: ago. 2021
5ª reimp.: jun. 2022

Dados Internacionais de Catalogação na Publicação (CIP)
(Câmara Brasileira do Livro, SP, Brasil)

Brunet, Tiago
 Rumo ao lugar desejado / Tiago Brunet. -- São Paulo : Editora Vida, 2017.

 ISBN: 978-85-383-0360-2
 e-ISBN: 978-65-5584-043-8

 1. Administração 2. Autoajuda 3. Carreira - Desenvolvimento 4. Coaching 5. Conduta de vida 6. Desenvolvimento pessoal 7. Desenvolvimento profissional 8. Motivação I. Título.

17-06399   CDD-650.1

Índices para catálogo sistemático:
1. Desenvolvimento pessoal e profissional : Administração 650.1

TIAGO BRUNET

RUMO AO LUGAR DESEJADO

Os segredos do desenvolvimento pessoal

©2017, Tiago Brunet

Editora Vida
Rua Conde de Sarzedas, 246 – Liberdade
CEP 01512-070 – São Paulo, SP
Tel.: 0 xx 11 2618 7000
atendimento@editoravida.com.br
www.editoravida.com.br

Todos os direitos desta obra reservados por Editora Vida.

PROIBIDA A REPRODUÇÃO POR QUAISQUER MEIOS, SALVO EM BREVES CITAÇÕES, COM INDICAÇÃO DA FONTE.

Todos os grifos são do autor.

Scripture quotations taken from Bíblia Sagrada, Nova Versão Internacional, NVI®.
Copyright © 1993, 2000, 2011 Biblica Inc.
Used by permission.
All rights reserved worldwide.
Edição publicada por Editora Vida, salvo indicação em contrário.

Editor responsável: Gisele Romão da Cruz
Assistente editorial: Amanda Maiara Santos
Preparação: Marcelo Smargiasse
Revisão de provas: Josemar de Souza Pinto
Projeto gráfico: Claudia Fatel Lino
Diagramação: Carolina Prado
Capa: Arte Vida

Todas as citações bíblicas e de terceiros foram adaptadas segundo o Acordo Ortográfico da Língua Portuguesa, assinado em 1990, em vigor desde janeiro de 2009.

1. edição: set. 2017
1ª reimp.: nov. 2017
2ª reimp.: dez. 2017
3ª reimp.: maio 2018
4ª reimp.: ago. 2021
5ª reimp.: jun. 2022

Dados Internacionais de Catalogação na Publicação (CIP)
(Câmara Brasileira do Livro, SP, Brasil)

Brunet, Tiago
  Rumo ao lugar desejado / Tiago Brunet. -- São Paulo : Editora Vida, 2017.

  ISBN: 978-85-383-0360-2
  e-ISBN: 978-65-5584-043-8

  1. Administração 2. Autoajuda 3. Carreira - Desenvolvimento 4. Coaching 5. Conduta de vida 6. Desenvolvimento pessoal 7. Desenvolvimento profissional 8. Motivação I. Título.

17-06399   CDD-650.1

Índices para catálogo sistemático:
1. Desenvolvimento pessoal e profissional : Administração 650.1

Eu vejo o desenvolvimento pessoal
como um dos primeiros passos para o
desenvolvimento de uma cidade.

– Tiago Brunet

AGRADECIMENTOS

Tenho de honrar muitas pessoas nesta página. Começo pelo meu melhor amigo e incentivador: meu pai, Dario. Paizinho, tantos anos passaram e você ainda é o meu herói. Aprendi muito com você e sigo aprendendo. Você foi meu primeiro *coach* e meu grande mentor.

Minha mãe, Fani, que é incansável em seus cuidados comigo.

Meu irmão Marcos. Marquinhos, Deus colocou você como um presente em nossa casa.

Meu irmão Daniel. Dani, sem sua inteligência e conselhos muita coisa nesta minha aventura como escritor não avançaria. Amo você!

Sou muito grato ao dr. Augusto Cury, um amigo e conselheiro. Augusto, obrigado por nos dar uma mente livre por meio de suas obras, em especial o programa FreeMind.

Ao Cleiton e toda equipe do Instituto Destiny e Casa de Destino. Vocês fazem parte de tudo!

Agradeço aos mentores que fizeram a diferença em minha caminhada. Obrigado a Joaquim José da Silva (não teria como pagar as horas de conselhos e consultoria que você investiu em mim), dr. Anthony Portigliatti (obrigado por acreditar) e Roberto Navarro, grande incentivador. Obrigado ao Thiago Felipe, amigo de infância que me acompanha há anos nessa caminhada. Thiago, você é um *designer* gráfico admirável. Seu trabalho me inspira!

Agradeço, com lágrimas nos olhos, à minha esposa, Jeanine Brunet. Amor, você deu sentido ao roteiro da minha vida, colocou água em meu deserto, e hoje desfruto de um paraíso. Você é o equilíbrio da nossa família. Muitos têm uma casa, mas você me deu um lar. Eu amarei você enquanto tiver forças para respirar.

Julia, José e Joaquim, meus filhos, que me fazem entender a cada dia como o amor pode transformar o mundo!

SUMÁRIO

Introdução 11

Capítulo 1
O poder do conhecimento 17

Capítulo 2
Coaching multifocal 33

Capítulo 3
Inteligência financeira 81

Capítulo 4
Empreendedorismo no século XXI 107

Capítulo 5
Marketing pessoal e corporativo 131

Capítulo 6
O dom de servir 139

Capítulo 7
Os cinco conselhos da nobreza 147

Capítulo 8
A estrada rumo ao lugar desejado 161

Conclusão 175

O que é o lugar desejado? 179

Referências Bibliográficas 187

INTRODUÇÃO

Minha história de superação nesse traçado no tempo que é a vida me fez descobrir, praticar e escrever os tópicos desta obra.

E eu pergunto, seja você uma empresa, instituição ou um indivíduo: como partir rumo ao lugar desejado, para a posição que tanto sonhamos, se, na verdade, não sabemos quem somos nem o que queremos? É prioridade descobrirmos nosso potencial, clarearmos nossos objetivos, desbravarmos o futuro que almejamos. Na vida profissional, sentimental, familiar ou financeira, é necessário estabelecer metas e prazos para ver os frutos das sementes que plantamos. No entanto, não é comum ter algo ou alguém que nos guie até o êxito. As pessoas andam sem rumo, sem direção. Dificilmente alguém que conheça o caminho e o destino final está disponível para ajudar. É raro encontrar um cocheiro para essa carruagem!

Como nação, temos uma dificuldade ainda maior, já que a mentalidade latino-americana é de esperar pelo levante de um super-herói político ou religioso para guiar o povo. A esperança nunca está onde deveria estar.

O Brasil deveria despertar rapidamente para a educação multifocal (financeira, emocional, familiar e política), pois o tesouro de nosso país não está em suas terras, mas, sim, nas pessoas que aqui vivem e consolidam a nação dia após dia. Você é o tesouro. O maior investimento de um país deveria ser em pessoas, depois em coisas.

Bem, comecei a empreender quando era ainda muito jovem. Aos 24 anos, recém-casado e desempregado, eu tentava abrir meu próprio negócio. Não tinha ideia de quem eu era nem para onde estava indo. Tudo é mais difícil que o normal dessa forma.

Como começar sem dinheiro no bolso? Como proceder sem nenhum preparo em administração de empresas? Como empreender sem nenhuma estratégia inteligente? Como fazer algo ser bem-sucedido, seja o que for na vida, sem preparo, auxílio e um conselheiro?

Tudo o que eu tinha era paixão. Como alguém se arrisca a empreender sem recurso, sem uma equipe preparada, sem consultoria? Bem amigos, eu era o retrato do Brasil.

Em nosso país, 54% dos empreendedores, empresários e líderes de todos os segmentos começaram assim ou ainda estão nessa situação.

O objetivo deste livro é guiar você, por meio das experiências relatadas, perguntas e exercícios, a um lugar além das dificuldades e pressões, a fim de desfrutar o êxito e a abundância, resultantes de seu foco, esforço e trabalho.

Seja nos negócios, seja na família, seja na vida pública ou no que você estiver empreendendo hoje, apegue-se aos conselhos e práticas desta obra e esteja pronto para diminuir sua margem de erros e prosperar.

As nuances de nossa vida são totalmente interligadas. Por isso, o sucesso profissional não nos satisfaz, se a saúde não vai bem. Êxito na família não nos completa, se as finanças estão cambaleando. Tudo está conectado!

Somos corpo, mente e inteligência existencial (espírito), e somente com o equilíbrio dos três teremos paz e segurança. Esse é o conceito por trás da palavra *shalom* que os judeus utilizam.

Empreender é um desafio e, na verdade, só precisamos dessa "prova de fogo" para mostrar quem realmente somos.

Nas próximas páginas, compartilharei os princípios imutáveis que transformaram homens simples em reis de nações, empregados assalariados em CEO's de multinacionais. Vamos falar sobre os tipos de educação que nosso país nunca desenvolveu, como, por exemplo, a emocional e a financeira.

Não deixaremos de lado dicas vitais sobre *coaching*, *mentoring* e FreeMind, que orientarão e elevarão você a um novo nível de entendimento. Compartilharemos construtivas experiências pessoais e focaremos em seu desenvolvimento pessoal e profissional.

Anos depois de abrir minha primeira empresa no ramo de turismo, e de ter viajado para dezenas de países a trabalho e a estudo, comecei a me dedicar ao *coaching*, às palestras de liderança e ao Clube de Inteligência e Desenvolvimento (CID). O resultado disso foi fundar o Instituto Destiny, uma instituição de ensino focada em treinamento de pessoas em quatro continentes.

Com o acúmulo dessas experiências e a formação acadêmica avançando, decidi pôr no papel minha contribuição para a sociedade. E espero ajudar você, jovem empreendedor, microempresário, líder religioso, profissional liberal e pai de família, a ter autorresponsabilidade, consciência crítica e, principalmente, ser gestor do seu próprio destino.

Minha intenção com este livro é colocar você na estrada rumo ao lugar desejado. Sendo pretensioso, porém humilde, gostaria de ser o cocheiro da carruagem que o levará até o lugar que você tem sonhado.

Introdução

Querido leitor, sua família e amigos precisam de você. Nosso país precisa de você.

Não se espante com as dificuldades, pois onde há um espantalho, há um campo precioso.

— **Tiago Brunet**

O *coaching* é o processo de equipar
as pessoas com as ferramentas e o conhecimento
de que precisam para se desenvolverem e se
tornarem mais efetivas e eficazes.

Capítulo 1

O PODER DO CONHECIMENTO

Era novembro de 2005, eu estava meio desorientado, andando pelo centro do Rio de Janeiro em busca de uma oportunidade para mostrar a algum banco um projeto que eu estava desenvolvendo na área do turismo. A ideia era apresentar um programa revolucionário de financiamento de pacotes turísticos que seria vendido dentro da própria agência bancária com juros diferenciados para cada tipo de servidor. Naquele tempo era inovador.

Eu estava exausto. Há meses vinha trabalhando nos detalhes do projeto. Mesmo sendo persistente e sempre criando estratégias para mostrá-lo a alguém que pudesse executá-lo, nada acontecia. Eu estava desesperançado.

Tinha dias que eu ficava o dia todo plantado em frente à agência do banco, tentando avistar um diretor qualquer e simular um encontro casual, na esperança de mostrar o esboço do programa para ele. Eu fazia isso com mais dois amigos que acreditavam nesse sonho e, com eles, eu revezava a hora do almoço. Enquanto um comia, o outro vigiava a saída do prédio do banco. E cachorro-quente era o único cardápio financeiramente possível naquela época.

Certa vez, praticamente desistindo, não acordei cedo, como de costume, e deixei no armário o terno "de sair e correr atrás". Naquele dia, fui para o sofá e lá fiquei entregue ao desânimo.

No entanto, uma ligação inesperada me animou. Era meu pai me pedindo para levar um documento que ele havia esquecido em casa para uma reunião que teria com diretores de um banco no centro da cidade. Era minha oportunidade! Levar o documento para meu pai e ainda tentar mostrar minhas ideias para alguém do meio.

Vesti meu terno, ajeitei o cabelo, peguei a pasta com o computador, as folhas do projeto e fui caminhando até a estação do metrô. Eu já era casado nessa época, estava iniciando a empresa e não tinha nenhum recurso disponível no bolso. Minha única opção era pedir emprestado para minha mãe, que morava no mesmo bairro, o dinheiro da passagem. Foram tempos difíceis. Ao chegar ao centro da cidade e entrar no banco, fui abordado por um dos diretores. Ele me perguntou se era verdade que eu tinha uma agência de turismo e possuía um projeto para mostrar à diretoria. Graças a Deus meu pai já havia adiantado um pouco do assunto com eles, mesmo estando lá por outro motivo. Eu respondi que sim, mostrando todos os dentes da boca de tão feliz que estava.

O diretor prometeu que marcaria uma reunião com o próprio banqueiro dias depois. Porém, fez uma advertência que me fez pensar muito e tenho certeza que jamais esquecerei as palavras que me disse: "Garoto, tenha certeza de que você tem todas as informações de que precisa sobre este projeto e que você realmente possui o conhecimento necessário sobre o assunto abordado. Basta uma pergunta sem resposta e é provável que nunca mais tenha uma chance como esta".

A partir daquele dia entendi que uma oportunidade não vale nada se você não tem conhecimento para aproveitá-la.

Quanto vale uma informação? Quanto custa saber as coisas?

O conhecimento é poderoso. Uma vez adquirido, ninguém mais rouba de você.

O dono de uma famosa rede de mercados aqui no Brasil tem somente o primeiro grau concluído. Na adolescência, dedicou tempo para aprender a controlar um estoque, pois trabalhando como entregador observava com atenção como era a dinâmica do negócio.

Mais tarde como atendente de fornecedores e compradores, absorveu informações de como obter a preço de custo e revender a preço de prateleira. Foi promovido a gerente dada a sua insistência em não desistir. Nessa função, adquiriu o conhecimento específico de todo aquele ramo e nunca mais parou de produzir. Com um salário melhor, não comprou um carro;

preferiu se inscrever em cursos e palestras que complementaram seu nível de instrução, que era baixo na época. Resumindo: não ter chegado nem sequer ao segundo grau não o limitou. Antes dos 30 anos, ele abriu sua primeira mercearia. Hoje, tem uma rede de supermercados.

Ter entendimento é tão libertador que é provável que os bancos não queiram que você tenha inteligência financeira, que os políticos profissionais não permitam que você tenha acesso à educação, e a mídia se incomode com os que possuem equilíbrio emocional. Sabe por quê? Porque o sistema entraria em colapso. Se saíssemos da condição de manipulados para pensadores, bancos poderiam falir, as emissoras de TV e alguns de seus programas perderiam audiência e maus políticos jamais iriam se reeleger.

Pensar liberta! E estender a educação multifocal a todos pode trazer uma nova expectativa ao país, dar um novo destino à nação.

É sempre muito bom trocar conhecimento, doses de informações com as pessoas. Procuro passar aos que conheço informações que aprendi durante a vida, pois sei que são dados que podem levá-los a novos sonhos, a uma nova perspectiva. Todos têm algo para ensinar e aprender. É uma troca.

Se homens como Warren Buffet, Bill Gates e o nosso compatriota Abílio Diniz perdessem tudo o que têm hoje, em quanto tempo eles ficariam ricos novamente? Acredito que em alguns meses ou em pouquíssimos anos.

Sabe por quê? Porque eles conhecem o caminho para chegar lá novamente. Eles buscarão as informações no mapa do êxito. Essa trilha, uma vez explorada, não sai mais da sua mente.

A diferença entre o rico e o pobre não está no bolso, mas, sim, na mentalidade. Falo em minhas palestras que, se tirarmos todos os bens de um rico e o abandonarmos com a roupa do corpo em um lugar ermo, em pouco tempo ele se reconstruirá e voltará a ganhar dinheiro, pois, como já disse, a sabedoria que o guiou uma vez ao sucesso voltará a atuar novamente em favor dele. Não tem a ver com o fato de já ter sido rico e ser amigo de outros ricos. Não, absolutamente. É que ele tem o conhecimento que adquiriu na vida inteira.

 Você é responsável por todo conhecimento que adquire, bem como pelo modo que o utiliza.

Mas, se dermos 1 milhão de reais a uma pessoa com mentalidade pobre, em pouco tempo ela gastará tudo que ganhou. Tentará, por exemplo, realizar, em poucos dias, tudo aquilo de que a vida a privou. Sem estratégia alguma, comprará muito, mas não investirá nada e voltará a ser pobre.

O conhecimento é algo tão poderoso que fez de Nelson Mandela um homem livre, ainda que atrás das grades. Existe algo que nos diferencia de homens como o americano Steve Jobs, ex-CEO da Apple, por exemplo. Se eu tivesse a informação de como produzir o iPhone há quinze anos, Steve não teria chance! Mas... ganha quem tem a informação primeiro.

Informação é poder! Quanto mais você falar, mais poder estará dando a quem o escuta. Fale menos e escute mais; a sabedoria habita com o silêncio. Entender isso diferencia você dos outros. Ninguém manipula um homem sábio. Ninguém "joga" com um conhecedor de causa.

Gostaria que você pensasse e listasse agora, ainda que mentalmente, decisões precipitadas que tomou, negócios errados que fez ou portas que você fechou por falta de conhecimento:

_____

_____

_____

Agora relate oportunidades perdidas porque você não tinha uma informação:

_____

_____

_____

Muitos jovens deixaram de seguir a carreira que mudaria a história de sua vida porque não tinham a informação do que ela significava. Em minha caminhada como educador, encontrei muitos pais afirmando que educariam melhor seus filhos se soubessem como fazer. Muitos maridos garantiram que jamais teriam deixado seu casamento terminar se tivessem informações de como agir e reagir. Muitos profissionais declararam que jamais teriam feito a faculdade que fizeram ou estariam no ramo em que estavam se tivessem sido mentoreados[1] primeiro.

Caro leitor, conhecer faz toda a diferença. Você já viu um amador tentando vender um imóvel?

A única certeza que você tem é que, por mais que o imóvel seja maravilhoso, com aquele corretor você não vai comprar. Mas quando você visita uma casa, ainda que simples, com alguém que entende de construção, decoração e, é claro, de vendas, o negócio é certo. Vivemos na década mais informada da História e, ainda assim, não temos a informação de que precisamos. Como isso é contraditório!

O que acontece hoje em dia é uma overdose de conteúdo. Quer pela televisão, quer pelo rádio ou principalmente pela internet, somos expostos diariamente a milhares de dados e notícias que nos oprimem num nível estressante, mas a informação de que realmente precisamos nunca chega. Informação não é conhecimento. A informação correta executada no tempo correto, sim, é conhecimento.

Estudar em uma boa escola, fazer faculdade, tudo isso é importante. É o fundamento para um futuro promissor.

---

[1] *Mentorear* vem do termo inglês *mentoring*, que, dentre outros significados, quer dizer aconselhar, guiar, direcionar, liderar.

Mas, ainda assim, o conhecimento não está limitado a quatro paredes. Acredito que podemos aprender muito mais por meio do método empírico (conhecimento por meio de experiências) do que sentado em uma sala de aulas, por mais que o processo acadêmico, em minha opinião, seja de grande relevância. Quem para de aprender já começou a morrer. Devemos, portanto, aprender sempre, independentemente do patamar em que estamos.

Fontes de conhecimento e informação

Seja qual for sua crença ou religião, pense comigo: qual é o livro mais respeitado, lido e antigo do mundo? Certamente você dirá que é a Bíblia!

Estive cerca de 40 vezes em Israel, a maioria delas por força de trabalho, mas algumas dessas viagens fiz para estudar. Em Qumran, no deserto da Judeia, próximo ao mar Morto, beduínos desavisados entraram, há mais de sessenta anos, em cavernas da região, procurando suas ovelhas perdidas. Encontraram, no entanto, artefatos históricos que dariam respostas a grandes questionamentos da humanidade.

Os manuscritos do mar Morto, como ficaram conhecidos, confirmaram, por meio de rolos fragmentados, dados escritos há mais de 2 mil anos pelos essênios (seita judaica da época do segundo templo), que a Bíblia que lemos hoje é a mesma da Antiguidade. Podemos ter em mãos um livro milenar, de sabedoria incomparável e que transmite conhecimento e informação estratégica para o nosso dia a dia. Experimente ler o livro de Provérbios todas as manhãs antes de sair para o trabalho e analise os resultados em seu dia a dia. É muito poderoso!

Em 2012, trouxemos ao Brasil o curador dos pergaminhos do mar Morto. Foi uma palestra espetacular, recheada de conhecimento. Amo ver as pessoas aprendendo. Sou apaixonado pelos frutos que o entendimento produz! O dr. Adolfo Roitman, diretor do santuário do livro no Museu de Israel em Jerusalém, ensinou a uma plateia de 700 alunos a importância histórica e arqueológica dos manuscritos encontrados. Muita gente saiu dali valorizando muito mais o que é conhecido mundialmente como a Palavra de Deus.

Em todos os aspectos da sua vida — pessoal, familiar, sentimental, financeira, empresarial, emocional, espiritual —, as Escrituras têm respostas precisas. Por isso, deixo o primeiro conselho para uma fonte pura de conhecimento. Estude a própria sabedoria. Não apenas leia, mas medite na Bíblia. Ela não é uma religião, ela não pertence a uma crença. Ela está disponível para todos aqueles que querem ter um manual prático de vida e sabedoria.

Agora, vamos aos profissionais especializados

Ser amigo do melhor neurocirurgião da cidade não ajuda muito se você está com dor de dente. Para cada problema ou situação, procure o especialista. Se seu problema é financeiro, busque um consultor em finanças. Seu gerente do banco não é indicado para auxiliar você nesse assunto, pois ele precisará "vender" os seus próprios produtos, por mais que os juros deles destruam sua esperança de se levantar um dia.

Se você está com sentimentos e emoções desordenadas, procure um psicólogo. Se você não sabe quem é nem para onde está indo, não tem metas nem foco profissional e pessoal, procure um *coach*.

Seja como for, busque informação e conhecimento em quem é preparado para isso.

Em 2008, sofri ataques de pânico. O acúmulo de responsabilidades, trabalho e a síndrome do pensamento acelerado (SPA) me levaram a um nível incomum de ansiedade e estresse que desencadeou um tormento diário em minha vida. Eu podia negar o que estava acontecendo; poderia me envergonhar da doença, mas busquei um profissional e fui aberto a mudanças. Tive de me criticar, duvidar de meus pensamentos, analisar meus comportamentos. O orgulho não serve para nada se o seu objetivo é ser feliz! Da mesma forma, quando comecei a me analisar, percebi sérios deslizes emocionais. Antes eu era o dono da verdade. Hoje em dia, abro mão da razão em prol da reconciliação.

Atualmente, minha vida se resume em contemplar o que é belo, desfrutar da família e servir às pessoas. Ainda que continue trabalhando muito, com a agenda sempre lotada, aprendi a priorizar e organizar o que é importante, não só o que é urgente. Dei uma chance a mim mesmo de ser o autor de minha própria história.

Outra forma muito interessante de adquirir conhecimento é participar de palestras e cursos de especialização. Seja *on-line*, seja presencial, esse tipo de atividade mantém sua mente em um constante aprendizado.

Há alguns anos faço parte de um grupo que trabalha para conscientizar a juventude da importância de valorizar a educação multifocal. Por meio do CID (Clube de Inteligência e Desenvolvimento), projeto socioeducativo que iniciamos em parceria com o Instituto Destiny, temos treinado centenas de estudantes, pais de família, empresários e líderes de todos os segmentos para empreenderem a vida.

Focando em universidades, clubes militares, igrejas e instituições religiosas e, principalmente, nas comunidades carentes da cidade, obtivemos resultados animadores quanto à transformação gerada nos alunos participantes.

Em uma palestra na comunidade de Vila Catiri, que fica em Bangu, na zona oeste do Rio de Janeiro, pedi, no final do evento, que três participantes, de forma voluntária, apontassem dentre as oito matérias ministradas no curso qual havia causado maior impacto em sua vida. Para quem não conhece, Catiri é uma região muito pobre e fica perto de um lixão, sendo chamado, por isso de sub-bairro. Boa parte das pessoas que estavam na palestra vivia do lixo ou tinha algum parente que trabalhava diariamente buscando o sustento nas montanhas de dejetos.

Uma senhora de pouco mais de 60 anos, dona Vânia,[2] foi a primeira a querer falar. Sua história de vida era forte, mas também triste. Sem delongas e um tanto emocionada, contou sua trajetória. E, respondendo à minha pergunta, disse que a matéria que mais a tocou foi a "excelência emocional".

Dona Vânia relatou que quando pequena morava no interior do estado do Espírito Santo e trabalhava duro na roça com a família. Contudo, ela sempre dizia ao pai: "Um dia vou crescer e ser advogada". Porém, a mãe dela sempre a contrariava, questionando: "Como pode, filha, uma menina da roça ser alguém importante um dia?". Dona Vânia contou que aos 15 anos pediu permissão aos pais para ir trabalhar em uma casa de família no Rio de Janeiro. Chegando à "Cidade Maravilhosa", ela encontrou muito trabalho, exploração e abusos, mas, aos 25 anos, conseguiu tempo e dinheiro suficientes para prestar o vestibular e bancar os estudos.

Essa guerreira persistente entrou na faculdade de direito e se formou aos 30 anos. Logo após a conclusão do bacharelado, conseguiu aprovação na OAB, algo que muitos graduados em direito não conquistam tão rapidamente.

Com a carteira da OAB em mãos, ela foi aprovada em um concurso para trabalhar no governo do estado. Formada e bem contratada, sentiu que os anos de luta e dificuldades deram mais gosto à vitória.

---

[2] Para fins desta obra, utilizamos um nome fictício.

Porém, com o passar do tempo, dona Vânia começou a ter constantes atritos com seus chefes e discussões exageradas com seus colegas de trabalho. Começou a assumir responsabilidades que não eram suas, gerando severas intrigas por onde passava. Com todo esse desgaste, caiu em profunda depressão. Anos depois, considerada incapaz, foi aposentada pelo estado.

O depoimento dela foi um dos pontos altos daquele encontro. E depois de abrir o coração ali, diante de um estranho e ao lado de uns cem vizinhos, ela me olhou fixamente e disse: "Se eu tivesse assistido a uma palestra dessa anos atrás, não teria me autossabotado, destruído meu sonho e todos os esforços que fiz para vencer na vida. Hoje estou aqui, morando dentro desta comunidade carente, mas eu merecia um futuro diferente".

Amigo leitor, a falta de excelência emocional jogou por terra todas as conquistas anteriores de dona Vânia. A educação multifocal, teoria que defendo e desenvolvo como missão de vida, engloba várias matérias, dentre elas a inteligência emocional.

A falta de conhecimento nessa área tem destruído famílias inteiras, separado casais, acabado com sociedades, amizades e todo tipo de relacionamento. Quem dera dona Vânia tivesse recorrido a um profissional da área!

Minha luta é para que um dia a população e os governantes entendam que, se inserirmos esse assunto nas escolas de ensino fundamental, formaremos um povo livre emocionalmente. Aí sim, o povo poderá desfrutar e cuidar de sua cidade e será bem-sucedido em tudo que empreender.

Sem conhecimento você não vai a lugar nenhum. Muito menos ao lugar desejado!

Reflita sobre sua vida agora. Esqueça suas limitações e descubra o que você pode produzir com o que tem em mãos. Faça uma lista do que você pode fazer a partir de hoje para inserir o poder do conhecimento em você, qualquer que seja ele — emocional, financeiro, familiar, político, espiritual ou acadêmico. Escreva em um papel grande e cole no seu armário os cursos nos quais você gostaria de ingressar, uma especialização que você anda sonhando em fazer ou uma palestra de que você acha importante participar. Entrar na estrada rumo ao sucesso depende de você. Os fatores interiores sempre serão mais fortes do que os exteriores.

Você se lembra da história no início deste capítulo? Durante a tal reunião com os diretores do banco e com o banqueiro, foi-me feita uma pergunta que eu não soube responder. Era esta: "Se o seu programa é tão bom, por que nenhum outro banco lançou algo parecido ainda?". Eu não tinha a resposta, e fui dispensado da reunião. Não queira imaginar minha tristeza.

Mas aquele projeto parecia estar numa roda-gigante e, na noite daquele mesmo dia, ele voltou a ter mais uma chance. No intervalo da novela das 8, um grande banco brasileiro colocou na TV um lindo comercial, lançando, em rede nacional, algo bem parecido com o projeto que eu apresentava. Meu telefone não parou de tocar por 15 ou 20 minutos. Todos que sabiam do meu trabalho ligavam desesperadamente. Inclusive o diretor-geral do banco com que tentamos negociar.

No dia seguinte, por volta das 11 horas da manhã, eu estava fechando com aquele mesmo banco, que na manhã anterior rejeitara a minha ideia, o contrato que daria início à minha vida empresarial.

Quando você adquire conhecimento, tudo coopera a seu favor.

O seu futuro não está escrito nas estrelas,
mas, sim, nas suas decisões diárias.

Capítulo 2

COACHING MULTIFOCAL

Com a vida empresarial caminhando e me proporcionando profundas experiências de amadurecimento, decidi buscar desenvolvimento pessoal. Assim, provavelmente, eu teria chance de chegar mais longe do que as pessoas sem essa preocupação. Quem sabe até ajudar outros a navegarem nesse oceano imprevisível que é a vida!

Hoje estamos treinando indivíduos e grupos de profissionais liberais, líderes religiosos, empresários e políticos, com base no que um dia aprendi como aluno (*coachee*) além das fronteiras nacionais. O *coaching* é o processo de equipar as pessoas com as ferramentas e o conhecimento de que precisam para se desenvolver e se tornar mais efetivas e eficazes.

Não é possível ser completo, se você é feliz em apenas uma área da vida. O ser humano depende de um equilíbrio entre corpo, mente e inteligência existencial para estar realizado.

Todos querem vencer na vida, todos desejam chegar a algum lugar. Mas, quando você não sabe quem é nem para onde está indo, qualquer caminho serve e qualquer oportunidade parece boa. E é por isso que, muitas vezes, encontro pessoas desorientadas, frustradas e equivocadas por onde passo com minhas palestras. Pessoas que estão no estado atual e não têm a mínima ideia de como chegar ao estado desejado. Estamos todos empreendendo a viagem da vida, mas nem todo viajante está disposto a estudar o mapa para descobrir a melhor rota.

O *coaching* é uma metodologia completa e inovadora que pode levar você ao autoconhecimento, ao entendimento da realidade à sua volta, ao sucesso pessoal e profissional. E o *coach* será o piloto dessa viagem ao êxito, será o treinador que o ajudará a definir propósitos e metas, alavancando seu talento e potencial para alcançar tudo isso, sem perder o foco e dentro de um prazo. Agora, o *coaching* multifocal é a mescla de teorias e ciências, tais como a psicologia, a neurociência, a administração, o empreendedorismo e negócios, além da inteligência multifocal. Essa foi a minha tese de mestrado. Tenho me esforçado para mostrar ao máximo de pessoas a importância dessa metodologia. Mudar crenças, transformar a mentalidade, romper limites!

Adquirir conhecimento nos dias de hoje é questão de sobrevivência. Mas, mais do que conhecer, devemos entender. Por isso, tudo o que você passou na vida até hoje foi parte do seu treino para chegar ao pódio da vida. Não adianta fugir: o nível de sua preparação determinará o seu raio de influência. O poder do *coaching* está em transformar as experiências angustiantes e prazerosas de sua própria vida em maturidade e percepção para alcançar o sucesso.

As pessoas que tiram você do sério são apenas instrumentos para mostrar quão desequilibrado você ainda está.

Coaching & Inteligência

Este capítulo é o resultado dos últimos anos de minha atuação exclusiva na área de *coaching* e desenvolvimento pessoal. Durante dez anos fui CEO de uma empresa de turismo internacional focada no conhecimento por meio de experiências, como explico no decorrer do livro. Nesses dez anos de trabalho, aprendi sobre o ser humano de forma empírica e gradual. Por dezenas e dezenas de vezes, guiei grupos de brasileiros na Europa e no Oriente Médio.

Pense em um aprendizado sobre como lidar com gente. Essas viagens foram uma escola! Percebi que as pessoas são facilmente levadas por sentimentos que surgem por conta das situações que enfrentam no dia a dia. Elas não têm controle sobre suas emoções, e a maioria não sabe o que realmente quer; estão sem destino, e muitas fogem de seus problemas em vez de enfrentá-los e, com isso, crescer.

Depois que concluí a faculdade de teologia em uma universidade na Flórida, EUA, o reitor me chamou em sua sala e disse que tinha percebido certas características e habilidades em mim que me faziam um *coach* por natureza.

Coach? Jamais havia escutado falar sobre isso!

Ele sugeriu que eu começasse um mestrado no assunto, mas, por eu estar com limitações financeiras naquele momento e por não saber bem do que se tratava esse curso, não me interessei tanto.

Mas, como se tivesse visto o meu futuro, ele não permitiu que eu declinasse. Puxou uma quantia em dólares do bolso e disse: "Inscreva-se hoje no mestrado. Se você não tiver condições, aqui está o dinheiro, eu empresto para você".

Ele estava mais determinado do que eu. Aquilo me motivou. Não aceitei o empréstimo, mas encontrei uma forma de ingressar naquele dia no Master in Arts of Coaching, sem ter a mínima ideia de que essa atitude mudaria minha vida.

Quando já estava quase terminando o mestrado, fui convidado para ser preletor na principal conferência daquela universidade americana. Meses depois, recebi outro convite da universidade para ser professor em um treinamento de *Coaching* e Inteligência, em Dubai e Israel, com o dr. Augusto Cury, o ph.D Anthony Portigliatti, o doutor em psicologia Benny Rodriguez e uma formidável equipe. Dessa forma, iniciou-se oficialmente minha carreira no *coaching*. Sou grato a cada um desses homens.

Caro leitor, saiba que sua rede de relacionamentos (sua *networking*) leva você a lugares que o dinheiro jamais o levará. Invista nela!

Voltei ao Brasil confiante de que o *coaching* era para mim. Iniciei o doutorado em Business Administration no sistema *on-line* e semipresencial e, ao mesmo tempo, fazia inúmeros cursos, de filosofia até neurolinguística. Mudei-me do Rio de Janeiro, lugar onde fui criado e vivi toda a vida, para a cidade de São Paulo.

O motivo? O crescimento exponencial do *coaching* no Brasil. O Instituto Destiny, instituição de ensino voltada para o *coaching* e desenvolvimento da inteligência humana, cresceu 125% em apenas 12 meses.

Eu mudei quando pessoas saíram da minha vida. Mudei quando outras entraram nela. Aprendi que a mudança é inevitável. Esteja pronto para ela.

Comecei a atender empresários, executivos, esportistas, políticos e inúmeros líderes religiosos e institucionais em sessões de *coaching*. Os resultados não pararam de vir. Nossos seminários e conferências foram para quase todo o Brasil. Mais de 3 mil pessoas participaram de nossos treinamentos e palestras em apenas um ano. Centenas delas fizeram nosso curso de *coaching* e inteligência Brasil afora.

Universidades brasileiras prestigiadas, tais como a PUC, convidaram-me para palestras sobre como usar o *coaching* como ferramenta para a psicologia, para a administração de empresas, no direito etc.

Porém, em meio a esse crescimento substancial, algo me incomodava. Ninguém, no contexto de Brasil e América Latina, sabia ao certo de que se tratava essa metodologia revolucionária. Até hoje nenhum órgão legalizou ou mesmo regula a profissão, e não há ao menos uma associação que publique um padrão de conduta. Novos nomes iam surgindo. Todo mundo agora é *coach*. Terrível!

Já inventaram *coaching* para tudo... Emagrecimento, vida sexual, da terceira idade, e por aí vai. A imaginação humana e o "jeitinho do brasileiro" parecem não ter limites.

Bem, o *coaching* pode ser usado para tudo isso; o problema é *quem* o está usando. Sem supervisão, muitas pessoas sem nenhum preparo estão se intitulando *coach* e danificando o que essa poderosa "caixa de ferramentas" realmente é.

Mas, afinal, o que é *coaching*? Como essa filosofia interfere no meu dia a dia? Como posso ser um *coach*? Isso é moda ou veio para ficar?

As próximas páginas são fruto do incômodo em ver nosso país e a própria América Latina depreciando, julgando ou deturpando o que, na verdade, pode salvar muitas pessoas, empresas e instituições.

Como já disse, meu primeiro contato com a metodologia foi nos Estados Unidos. Ali pude fazer diversas especializações em outras instituições como a International School of Coaching e o SOAR Institute. Desse modo, acredito que minha base sobre este assunto é consistente e coerente.

Nos Estados Unidos, é possível viver e até enriquecer com o *coaching*. Existe lá uma regulamentação da profissão, e a metodologia é quase científica de tão bem provada e aceita.

Mas um dia chegaremos lá!

Sou um daqueles brasileiros que acredita e luta pelo nosso país. Os anos de ignorância e podridão jamais apagarão aquilo que realmente somos. Um país continental, "abençoado por Deus e bonito por natureza", como diz a famosa canção. Juntos podemos, por meio da fé e da inteligência, transformar nossa nação em um lugar melhor para nossa descendência.

 Quando as críticas vierem, continue andando. Quando os elogios chegarem, continue andando. Não permita que nada pare você no caminho.

A origem do *coaching*

Tudo começou no século XVI, na Europa. Naquela época, para sair de um ponto para o outro as pessoas contratavam um cocheiro, um motorista de carruagem! Para ir do ponto A para o ponto B, era necessário ter ajuda profissional.

Estamos falando da Europa medieval. Não havia carros, nem táxis, nem transporte público. As pessoas tinham grandes limitações de condução naquela época. Os transportes modernos dessa época eram os puxados por animais.

Mas havia um profissional, em inglês tradicional *coche*, que dispunha da ferramenta (charrete), que dominava o caminho e suas dificuldades, que conhecia os destinos e que sabia como chegar lá. Metaforicamente, um GPS humano.

Com o tempo surge a ideia de que, da mesma forma que as pessoas precisavam de um cocheiro para as viagens físicas, precisariam de um tutor/*coach* para as viagens do conhecimento e da vida pessoal/corporativa. No século XVIII, na Inglaterra, o termo *coach* passa a ser utilizado na Universidade de Oxford como gíria de "tutor particular", aquele que conduz e prepara os estudantes em sua jornada de aprendizado. Assim nasce oficialmente a arte de desenvolver e orientar pessoas.

No século XIX, o *coaching* é aperfeiçoado nos Estados Unidos. Porém, nessa época, o *coaching* era voltado para os esportes. Tanto no século XVII quanto no XIX, o *coaching* tinha pouco a ver com o que conhecemos hoje. Mas foi evoluindo.

No fim do século XX, nasceu essa arte como a conhecemos atualmente. Bem mais voltado para a parte executiva e de negócios, o *coaching* das décadas de 1980 e 1990 era utilizado somente por grandes e poderosas empresas. Estava longe de ser popular. Mas, com a chegada do século XXI, o *coaching* se atualizou e se popularizou.

O dicionário conciso *Oxford* define o verbo em inglês *coach* como "tutelar, treinar, instruir com os fatos". Isso nos direciona ao real significado da metodologia. Treinar e instruir são a base dessa filosofia. Se você analisar a História, verá que o rei Filipe II da Macedônia (382 a.C. a 336 a.C.), pai de Alexandre, o Grande (356 a.C. a 323 a.C.), contratou nada mais nada menos do que o lendário filósofo grego Aristóteles (384 a.C. a 322 a.C.) para ser o tutor de seu filho.

Ninguém chega a lugares altos sem um "cocheiro para a carruagem".

John Whitmore, o escritor e *coach* britânico, foi um dos primeiros a escrever sobre o assunto na década de 1990 e iniciar a padronização do tema. Ele é considerado um dos grandes pensadores da área de desenvolvimento pessoal e melhoria corporativa.

Tim Gallwey, americano pioneiro na aplicação da psicologia ao esporte e ao mundo corporativo, ficou conhecido como o precursor das questões motivacionais e comportamentais do *coaching*. Como tenista profissional, na década de 1960, Gallwey percebeu que muitos esportistas só não eram melhores porque não possuíam autocrítica. Sendo assim, anos depois, quando começou a se dedicar ao treinamento de pessoas, concentrava-se mais no autoconhecimento, adoção de novas posturas e práticas saudáveis de comportamento.

O americano Anthony Robbins, apesar de atuar mais na PNL (programação neurolinguística), foi o grande divulgador do *coaching* nas últimas duas décadas.

Hoje em dia temos uma vasta mistura de técnicas, metodologias e ciências em prol do desenvolvimento humano. Atualmente, grandes *coaches* e poderosos institutos trabalham difundindo a metodologia e filosofia do *coaching* pelo mundo. É possível ter acesso rápido e seguro a diversas escolas que preparam as pessoas nessa abordagem. Muitos pesquisadores apontam que essa carreira será a de maior crescimento nos próximos dez anos.

 Não se pode ter a resposta certa fazendo a pergunta errada.

O que realmente é *coaching*?

"O *coaching* concentra-se nas possibilidades do futuro, não nos erros do passado."
– John Whitmore

Coaching não é PNL (programação neurolinguística);

Coaching não é autoajuda;

Coaching não é psicologia ou psicanálise;

Coaching não é *mentoring* (apesar da forte conexão);

Coaching não é um curso.

Antes, é uma *filosofia* de vida pessoal e uma *cultura* corporativa. Uma metodologia revolucionária com respaldo científico.

Entenda bem: *coach* é o profissional que exerce a função. *Coachee* é o cliente, isto é, a pessoa que busca o *coaching* para melhorar seu desempenho. O *coaching* é o processo, a metodologia.

O *coaching* obrigatoriamente dá resultados, traz equilíbrio multifocal à vida e foca em metas e objetivos.

Já imaginou sua vida com mais disciplina, foco e com estratégias bem definidas?

Algumas ferramentas como a roda da vida são essenciais nesse processo, pois auxiliam você na identificação das áreas da vida que estão no "vermelho", isto é, as que precisam de urgente intervenção. Veja o gráfico a seguir.

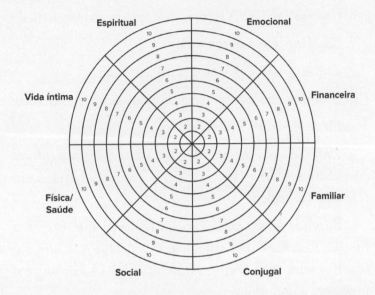

Geralmente, essas são as principais áreas da vida de uma pessoa. De 1 a 10, que nota você daria a si próprio em cada uma dessas áreas?

Fazer uma autoavaliação é primordial, pois tendo sua própria autoanálise fica mais fácil entender o processo para, posteriormente, aplicá-lo.

Nos atendimentos pessoais ou em seminários, o *coach* precisa trabalhar e lapidar essas áreas nos participantes. A necessidade popular é imensurável, é um clamor coletivo. Temos as ferramentas nas mãos para cuidar das pessoas que estão padecendo ao nosso redor e aprimorá-las. Não podemos negar tamanha ajuda!

Por exemplo, ao aplicar a "roda da vida" em um amigo (repare que mencionei amigo, não cliente ou *coachee*), descobri que a vida social dele estava em um baixo nível de satisfação. Compreendi, analisando o resultado dessa ferramenta, que as finanças estavam equilibradas, a vida conjugal estava excelente, a saúde física caminhando tranquilamente, mas, quando se tratava de ter amigos para ir ao cinema, sair para jantar com colegas de trabalho ou receber visitas em casa, a dificuldade era severa. Só podemos tratar aquilo que identificamos, e eu o alertei.

Ao identificar essa área problemática, todos os nossos exercícios e ferramentas devem ser direcionados para provocar soluções na vida social, como nesse caso.

Você não precisa necessariamente ser um *coach* profissional, mas ter o *coaching* como filosofia de vida para, desse modo, ajudar a muitos. Você pode ser empresário, líder religioso, líder de equipes ou simplesmente pai de família. Só sei que certamente você será melhor e completo como pessoa e profissional aplicando tudo isso em sua vida. Ninguém pode passar pela sua vida e sair dela da mesma forma que entrou. Devemos ser agentes de transformação!

O *coaching* tem três pilares:

1. Tirar a pessoa do ponto A e a direcionar até o ponto B (lugar atual para o lugar desejado);

2. Auxiliar na tomada de decisões; e

3. Quebrar as crenças limitantes.

Muitas pessoas não têm ideia de onde estão. Não conseguem identificar seus erros, limitações, nem suas habilidades. Saber o ponto A é fundamental para visualizar e programar qual será o nosso ponto B.

O trabalho do *coaching* é criar um caminho, uma ponte se necessário, entre um ponto e outro. Essa "ponte" se chama estratégia. O *coach* é um treinador estrategista. Tirar a pessoas do "lugar atual" só é viável se o "lugar desejado" já está claro para todos.

Outra enorme dificuldade encontrada em nossa geração é a falta de capacidade para tomar decisões certas. O processo de *coaching* é especializado em dar suporte na tomada de decisões. Você já sabe que uma decisão errada pode atrasar muitos anos de sua vida! E, além disso, também sabe que todos nós, ou pelo menos a esmagadora maioria, temos crenças limitantes.

O que é isso?

Geralmente elas foram "instaladas" em nossa mente na infância, quando uma alta hierarquia, como pai, mãe, avós, tios, professores etc., disseram palavras que nos afetaram, tais como: "Você é pobre"; "Você nunca vai conseguir, seu burro"; "Você faz tudo errado"; "Você não merece", e por aí vai...

Tais frases entram como uma espada cortando nossas emoções e nossos sentimentos. Elas funcionam como um vírus instalado no computador. Com o tempo, começam a fragilizar todo o sistema, deixando os comandos mais lentos e, principalmente, dando início a um "apagão" geral.

O trabalho do *coach* é importante porque, sempre visando o futuro, as metas e os objetivos, e irá focar nesses três pilares: transportar o *coachee* do estado atual para o desejado; auxiliar na tomada de decisões e ajudar a desfazer as confusões mentais, trabalhando fortemente para elaborar, por meio de exercícios, ferramentas e perguntas estratégicas, quebrando as crenças limitantes.

Importante ressaltar que o *coach* não dá opiniões nem conselhos. Isso seria trabalho de um mentor. O *coach* aplica as ferramentas e faz perguntas para que o cliente descubra por si só o seu caminho. Encontre em seu interior a verdade absoluta. O *coaching* gera resultados.

Lembre-se:

Você não precisa se defender de críticas e difamações. Pela árvore se conhecem os frutos. Seus resultados falarão mais alto do que qualquer argumento que você tentar usar.

Filosofia do *coaching*

"Não vemos o mundo como ele é, e sim como nós somos."
– *Talmude*

Entenda que vemos o mundo através de nosso filtro mental. Vemos o que nos rodeia da forma que imaginamos, não como realmente é. Por isso refletir, pensar e se educar é primordial para enxergarmos melhor a vida. A filosofia ajuda nisso.

Filosofia é uma palavra grega que significa "amor à sabedoria". Nos dias de hoje, traduziríamos filosofia como "a arte de pensar"! *Coaching* é uma palavra inglesa que significa "treinamento". Nos dias de hoje, *coaching* seria a "arte do desenvolvimento pessoal".

A *filosofia do coaching*, então, é o amor ao conhecimento e progresso humano, a ferramenta para potencializar o ser humano.

Filosofar é a arte de pensar sobre tudo. Descobrir o sentido das coisas, refletir sobre o futuro, sobre o infinito, sobre as possibilidades. É a junção de ideias e de pensamentos, ferramentas e exercícios em prol da expansão da mente humana e suas habilidades. Acima de tudo, é investigar a essência e a dimensão ontológica do mundo real, ultrapassando a opinião irrefletida do senso comum que se mantém cativa da realidade empírica e das aparências sensíveis.

A neurociência tem sido uma grande amiga do *coaching*, uma vez que é impossível desenvolver uma pessoa sem entender como sua mente funciona. Hoje sabemos que o cérebro controla tudo!

Partindo desse princípio, o *coaching* se estrutura e se divide para melhor atender aos objetivos, metas e sonhos das pessoas.

Escolhas e decisões fazem parte da autonomia humana. A questão é que poucas pessoas têm conhecimento disso e constantemente terceirizam o próprio futuro. Refiro-me aos que insistem em não assumir responsabilidades por seu destino, acusando os outros por suas frustrações e falhas. No entanto, o segredo do êxito está em dominar a lógica e obter o conhecimento necessário para desvendar o seu propósito na terra.

 O mundo como o conhecemos hoje é resultado das escolhas que fizemos como humanidade. Não adianta reclamar, mas ainda é possível reformar.

Os reais efeitos do *coaching* no dia a dia

Vivemos na geração mais informada da História, e ainda assim as pessoas não sabem quem são nem para onde estão indo. Quem ainda não descobriu quem é e qual é o seu destino vive entrando em "oportunidades". Mas uma decisão mal tomada pode atrasar de 10 a 20 anos em sua vida.

O mundo mudou. A liderança está se esforçando para se adaptar a essas mudanças. Seja no mundo financeiro, empresarial, político, familiar, seja nos relacionamentos e na mentalidade, *tudo* mudou.

O aumento da competitividade empresarial e a grande pressão por resultados e para alcançar o topo fizeram que a demanda por metodologias ou teorias "salvadoras" entrassem em cena. E apesar de muitos venderem o *coaching* como uma dessas teorias "salvadoras", ele, definitivamente, não é isso.

Como mencionei anteriormente, o *coaching* é uma filosofia de vida, não uma "pílula do dia seguinte". Ou seja, ele não foi criado para resolver problemas — apesar de ter esse poder também —, mas, sim, para evitá-los!

Existem cerca de 50 mil *coaches* no mundo e quase 2 mil profissionais trabalhando efetivamente nessa função no Brasil, embora o número de certificados seja bem maior. O crescimento do *coaching* acompanha as mudanças e demandas corporativas atuais.

Hoje em dia é difícil encontrar um bom político, um CEO, empresário ou empreendedor que não tenha um *coach*. Economiza-se muito contratando esse tipo de profissional. Como fazer isso?

Sociedade empresarial

Muitos *coachees*, isto é, meus clientes de *coaching*, que estavam em guerra com seus respectivos sócios, tinham a mesma história quando os atendi. Um teve uma ideia brilhante e sabia como colocá-la em prática. Mas como o ser humano tem uma necessidade neurótica de aceitação, inconscientemente, ele procura outra pessoa para compartilhar seu sonho em troca de um "tapinha nas costas" ao estilo: "Parabéns, vá em frente, vai dar tudo certo!".

Porém, o "amigo" que escutou o sonho do outro geralmente se empolga e diz: "Eu posso ajudar, isso vai dar certo, tenho meus contatos, juntos vamos mais longe!". E, então, nasce uma sociedade. Os anos passam, e a pessoa que teve a ideia e sabia como aplicá-la é quem realmente trabalha. Faz tudo com paixão e sabe para onde está indo, pois tem a visão original. O outro apenas divide 50% do lucro. No fim, surge uma guerra monstruosa entre os dois.

Agora imagine se essa pessoa que teve o sonho ou a ideia e sabia como fazer procurasse um *coach*. Ela iria receber o mesmo "tapinha nas costas", ou seja, a motivação. Porém, iria trilhar um caminho bem desenhado e planejado, iria calcular o impacto de cada decisão em razão do auxílio profissional. Se houvesse crenças que o limitassem, elas iriam cair e, melhor, a pessoa só pagaria a hora do *coach* por tudo isso e *nunca* iria precisar dividir 50% dos seus lucros.

O que é melhor em sua opinião?

No orçamento familiar

Mais de 50% dos casais se separam por problemas financeiros. Pais e filhos deixaram de se falar por esse motivo. Empresas foram à falência por simplesmente não terem um orçamento.

O *coaching* tem o planejamento estratégico como algo deveras importante.

Se sua casa não está em ordem, posso garantir a você que nada mais estará, por mais que você disfarce. O prejuízo moral, emocional e familiar quando há uma quebra financeira e familiar é tão grande que poucos se restabelecem.

Por isso, sai mais barato investir em *coaching* para alcançar equilíbrio nessa área.

Na contratação de colaboradores

Quantos prejuízos já tomamos por contratar pessoas ou chamar gente para nossa equipe que, por fim, eram só gastos e decepção?

Com as ferramentas corretas, podemos evitar esse tipo de erro! Em meu livro *12 dias para atualizar sua vida*[3] há um capítulo no qual tratamos somente de ferramentas do *coaching* que podemos aplicar em nossa vida. Vale a pena ler!

Em que mais o *coaching* pode ajudar no seu dia a dia? Veja:

- Gestão do tempo
- Educação financeira
- Melhoria dos relacionamentos
- Aprimoramento de comportamentos
- Saúde emocional

[3] **São Paulo: Editora Vida, 2017.**

- Autogerenciamento
- Definição de metas e prazos
- Ajustes organizacionais
- *Metanoia* (mudança de mentalidade)
- Autoconhecimento
- Precisão na execução
- Adaptação a novas culturas
- Reestruturação organizacional
- Avaliar desempenho
- Identificar temperamentos
- Treinamento e desenvolvimento das equipes de trabalho
- Auxiliar na tomada de decisões
- Desenvolvimento de habilidades
- Clareza nos propósitos
- Definição de objetivos
- Com quem, como, quando, onde e quanto? Criação de projetos!
- Quebra de crenças limitantes
- Ajustar o foco
- Trazer resultados com prazo determinado
- Transportar do estado atual para o estado desejado
- Alinhar metas com propósito
- Ajudar a cultivar a paixão pelo que faz

- Descobrir sua identidade
- Desvendar seu destino
- Transformar você em um grande comunicador

Depois que você encontrar a estrada rumo ao lugar desejado, nunca mais duvide de seu destino, não duvide de suas habilidades e de quem você é!

 Tem um ladrão em sua mente à procura dos seus sonhos e metas. Seu nome é dúvida.

Sessões de *coaching*

Ninguém pode dizer que é *coach* se não tem *coachee*.

Atender em sessões de *coaching* é a prova de que você exerce a profissão. A experiência de um verdadeiro *coach* não é adquirida somente em palestras e seminários ministrados, mas no acúmulo de horas em sessões e atendimentos pessoais. Envolvendo-se na realidade dos *coachees*, aprendemos o que nenhuma sala fria de universidade pode nos dar.

Há diversas formas e técnicas para o atendimento de *coaching*.

Sempre que atendo um cliente pela primeira vez, começo perguntando: "Porque estou aqui?", "Por que você acha que precisa de um *coach*?". Só aqui já temos assunto para 50 minutos de atendimento!

A experiência na área me levou a algumas conclusões que eu gostaria de compartilhar neste capítulo. Veja:

1. Geralmente, as pessoas contratam um *coach*, mas, na verdade, precisam de um psicólogo ou psicanalista.

Sempre aconselho os *coaches* da minha equipe no Instituto Destiny e os alunos que formo a terem parcerias sérias e duradouras com psicólogos, psiquiatras, endocrinologistas, nutricionistas, neurocientistas etc., pois muitos casos não são da nossa competência, como *coach*.

2. As pessoas que procuram um *coach* esperam resultados imediatos. Nem sempre isso é possível.

Durante esse tempo servindo à nossa geração por meio do *coaching*, desenvolvi técnicas pessoais e aperfeiçoei outras já existentes. Algumas delas compartilho a seguir por meio de experiências adquiridas em sessões.

a) Sempre aplique o exercício intitulado "perdas e danos". Em uma folha de papel, faça o cliente anotar do lado esquerdo os pontos negativos da decisão que ele quer tomar. Do lado direito, os pontos positivos. Ao fim, faça a soma dos resultados e auxilie na escolha.

b) Faça perguntas estratégicas, e uma pergunta enfática é "O que realmente você quer?". Anote em um minuto e meio as 15 primeiras palavras que vierem à sua mente. Esse exercício cerebral dará material para duas ou três sessões. Geralmente, as pessoas anotam palavras que não fazem sentido no momento, pois na verdade são palavras que estavam girando em seu subconsciente. Cada uma delas tem significado. Cabe ao *coach* desvendá-las!

Outras perguntas que podem ser feitas em sessão:

Se suas lágrimas falassem, o que elas estariam dizendo agora?

_____

_____

_____

Coloque a mão no lugar da dor ou da angústia que você sente agora. Se sua mão fosse uma esponja, o que ela estaria absorvendo?

_____

_____

_____

Como você se vê hoje?

_____

_____

_____

E como você acredita que as pessoas à sua volta veem você?

_____

_____

_____

Como você se vê daqui a dez anos?

_____

_____

Nas sessões evitamos ao máximo dar conselhos, opiniões e diagnósticos. Julgar, então, é inadmissível. Evite monólogos. Faça seu estudo do caso ou reflexão da situação apresentada na sessão quando chegar em casa (*homework*).

Minha intenção aqui não é ser técnico ou ensinar como fazer *coaching* em algumas páginas, mas, sim, mostrar a você que lida com pessoas diariamente que, com algumas ferramentas que já estão disponíveis, você poderá ser um líder muito melhor.

Tenho sido procurado por muitos pastores evangélicos que fizeram nosso curso. Semanas depois, eles voltam com depoimentos de como seus atendimentos pessoais na igreja melhoraram 100%. Todos percebem a diferença!

 Deus ainda vai mostrar para todo mundo o que ele viu em você.

O perfil de um *coach*

Todo treinador é um educador. Um aprendizado se renova e reforça dentro de mim toda vez que vou ao

Japão: a educação gera disciplina, e a disciplina leva você a altos níveis de honra.

Educar é uma das principais características de um agente transformador, pois, sem educação, nenhuma pessoa ou nação tem chance de prosperar.

Todo homem nasce incompleto e se aperfeiçoa pela educação. Logo, só teremos plenitude se formos educados.

Bem, o *coach* deve ter escuta ativa. Deve realmente escutar a pessoa que o procura. Entender a linguagem verbal e corporal de quem fala.

Escutar é mais importante do que falar. Quem conhece o peso de uma palavra, valoriza mais o silêncio.

A pessoa deve ter conhecimento geral, acadêmico e empírico, pois para quem quer ser um *coach* é importante ter conteúdo.

"Meu povo foi destruído por falta de conhecimento."
– Deus, em Oseias 4.6

O *coach* é a matriz do que muitos irão se tornar. Então, seja exemplo! Seu comportamento revela quem realmente você é. A consciência é o juiz supremo de nosso comportamento. A consciência não nasce pronta, mas é moldada pelo treinamento e pela educação. O *coach* deve ter experiência de vida, pois, com o avanço do processo, atuar como mentor será inevitável.

A leitura voraz e atualização constante por meio de cursos, palestras e conferências são obrigatórias a quem quer se tornar um treinador.

Coaching com inteligência

O uso das múltiplas inteligências a favor do *coaching* tem tomado força nos últimos anos. Em 2015, lançamos pelo Instituto Destiny um curso de 30 horas chamado Coaching & Inteligência. O objetivo era agregar as ferramentas do *coaching* à inteligência financeira, emocional, política e bíblica. Acredite, foi revolucionário.

O uso da inteligência em favor do desenvolvimento humano tem aprimorado carreiras, indivíduos e organizações. É impossível usar o *coaching* com inteligência e não ter uma vida de realizações.

Entender ou aprender?

Muitos entenderam algo em sala de aula, mas nunca aprenderam. Aprender significa nunca mais esquecer. Você pode ficar vinte anos sem andar de bicicleta, mas caso decida andar novamente o fará sem problemas. Isso acontece por causa da forma pela qual nosso cérebro armazena informações.

O entender é coletivo, mas o aprender é individual.

Quando você está em sala de aula, caso anote tudo, preste muito atenção e faça perguntas para tirar dúvidas, o máximo que pode acontecer é você entender a matéria. O aprendizado só ocorre caso você chegue em casa e, antes de dormir, releia tudo que anotou, estude e confira as informações passadas. Assim você reforça para o seu cérebro que aquilo realmente é importante.

Ao dormir, seu cérebro apaga do sistema límbico (a parte mais descartável de nossas memórias) o que os seus sentidos registraram durante o dia. Ou seja, se você não estudou, dificilmente irá gravar e lembrar da matéria depois. E isso serve para as palestras e os seminários de que você já participou e não anotou nem estudou depois.

SISTEMA LÍMBICO — CÓRTEX CEREBRAL — CEREBELO

"Aprender é escrever no cérebro", já dizia o professor Pierugi Piazzi. Quando você aprende, o cérebro passa a informação do sistema límbico para o córtex cerebral enquanto você tem o sono reparador. Por isso, não apenas entenda, mas se esforce para APRENDER!

Existem pessoas que há anos vão à igreja e entendem tudo sobre Deus, mas nunca aprenderam nada sobre ele. Em minha opinião, a igreja é a escola de Deus, e, se você a frequentar sem levar o "material" (Bíblia e papel ou *tablet* para fazer anotações), quando a prova vier (e virá) no seu casamento, nas suas finanças, na sua saúde etc., você será reprovado.

Inteligência bíblica

Sou teólogo por formação. Desde pequeno sempre me interessei por histórias bíblicas. As mais de 40 vezes em que estive em Israel me fizeram apaixonar de vez pelo livro da sabedoria, e isso me levou a uma profundidade no estudo do livro histórico-filosófico mais vendido, respeitado e conhecido do mundo. Conhecida como as "Escrituras", a Bíblia, além de ser um manual de vida para o ser humano, é a fonte de toda inteligência espiritual.

Todo homem é uma unidade indivisível, formada de corpo, alma e espírito. Independentemente de religião, ele necessita dessa transcendência para que a vida tenha algum sentido. Se não acreditarmos em algum tipo de vida após a morte, no céu ou qualquer coisa parecida, como o ser humano administraria emocionalmente, por exemplo, a morte de um filho? A espiritualidade faz parte do *homo sapiens*. O poder e a independência dos pensamentos nos fizeram perceber a transcendência.

Sendo assim, quando comecei a estudar *coaching* nos Estados Unidos, automaticamente minha mente conectava as matérias que eu aprendia ali com as passagens bíblicas. Digo, como estudioso do assunto, que é impossível separar o *coaching* dos princípios milenares desse livro.

Certa vez, eu estava ministrando uma palestra para empreendedores e políticos no Rio de Janeiro. Eu explicava minha teoria sobre as múltiplas inteligências, quando defendi a importância da inteligência bíblica. Vi, então, o rosto de uma mulher que estava na plateia demonstrando sarcasmo. Foi aí que dirigi uma pergunta a ela:

— Senhora, boa tarde! Onde está o seu marido?

Ela, sorrindo sarcasticamente, respondeu:

— Está no trabalho!

— E por que você acha que ele está no trabalho, não na cama de uma amante?

Seu rosto ficou avermelhado, e ela contestou:

— Ele jamais faria isso. Ele trabalha e me respeita muito. Eu não permitiria que ele fizesse algo desse tipo.

— Você está querendo me dizer — repliquei — que só porque você não quer, ou acha que ele não faria, ele vai lutar contra o instinto predador masculino, contra o que a mídia diz que é legal, contra a propaganda do *outdoor* e as imagens da internet?

Ela lacrimejou.

— Querida, onde está escrito que ele não pode fazer isso com você?

E completei:

— Responda-me, você realmente gostaria de ser traída?

— JAMAIS! — ela gritou.

— Então, você é uma amante da Bíblia! — concluí.

— Como assim? — ela perguntou, surpresa.

— É porque o único livro no qual se diz que não posso e não devo ser infiel ao meu cônjuge é a Bíblia. O único livro que diz que não devo enganar o próximo nem cobiçar o que é do vizinho, nem desejar o mal aos outros, ao contrário socorrer até mesmo quem me fez mal, é a Bíblia! Ela é o equilíbrio dos últimos milênios. É o que dá paz ao ser humano, conforto aos que choram, liberdade aos oprimidos; é o que levanta os abatidos. Logo, não estamos falando de religião, mas, sim, do manual de instruções do ser humano.

Ela chorou.

Deixo um conselho: apegue-se à sabedoria milenar das Escrituras.

 Quando seus pensamentos, ações e palavras estão em harmonia, você está bem próximo do equilíbrio que antecede a felicidade.

Nosso destino é influenciado por quatro fatores:

1. As decisões que tomamos;

2. A fé que praticamos;

3. As conexões que fazemos;
4. As palavras que declaramos.

Querido leitor, chegou a hora de transformar o seu potencial em resultados. Esteja atento às informações deste capítulo e lembre-se de que é o conhecimento e o nível de informação que você tem que o diferenciam dos demais.

Enquanto não entendermos essa realidade, ficaremos dando voltas, sem jamais chegar ao *status* que almejamos, pois "às vezes somos miseráveis, mesmo sendo milionários".[4]

Em outros momentos, somos fracos, mesmo tendo um corpo musculoso. Corpo, mente e inteligência existencial devem estar alinhados com o propósito estabelecido para sua vida.

 Expandir – Evoluir – Desenvolver – Mudar – Transformar – Crescer

Mente

Vamos começar falando da parte que controla tudo. A mente define quem somos. Nossos desejos, intelecto, vontades, memória e principalmente sentimentos e emoções estão contidos nela.

[4] Augusto Cury, durante uma conferência em Dubai em abril de 2014.

O criador da teoria da inteligência multifocal, dr. Augusto Cury, ensina em seu programa mundial de prevenção de transtornos psíquicos, o FreeMind, que gerenciar os pensamentos é o caminho para uma emoção saudável. Ele alerta que o eu, como gestor psíquico, deve sair da plateia do teatro da vida e assumir o palco como ator principal.

Se conseguirmos pôr isso em prática ao acabarmos de ler este livro, o avanço será imensurável. Pensar antes de reagir, refletir antes de tomar decisões, enfim, isso nada mais é do que assumir o controle de sua vida.

Muitos sonhos, objetivos e metas são frustrados pelas emoções. Desistimos quando deveríamos avançar. Avançamos quando deveríamos buscar conselho para o próximo passo e odiamos quando deveríamos compreender e amar. Não nos colocamos no lugar do outro e julgamos; não duvidamos de nossos conceitos e preconceitos. Quando somos criticados, ficamos enfurecidos, pois não sabemos que a crítica é como num assalto: melhor não reagir.

Quantos casamentos seriam poupados, quantos governos não cairiam, quantas guerras seriam evitadas?

Somos sabotados diariamente nessa dimensão por sermos escravos de nossos sentimentos, servos de nossas emoções. A ignorância emocional em nosso tempo é tão gigantesca que nem sequer questionamos nossa raiva ou nosso medos. Na verdade, quase sempre, elas não são reais. Julgamos as pessoas e situações sem investigar de onde vem essa certeza. Não dialogamos conosco, nem mesmo para entender por que reagimos dessa ou daquela forma. Não diagnosticamos nem reconhecemos as mazelas da mente, que é o primeiro passo para a superação, o passo rumo à transformação.

Gostaria de compartilhar dois casos recentes que orientei em minhas sessões de *coaching*:[5]

Caso 1

Fábio é um grande empresário no Rio de Janeiro. Ele costumava viajar bastante a trabalho e gastava cerca de 20 mil dólares em presentes para a esposa. Isso pode parecer para muitos um marido bom e interessado. Dar presentes sempre é bom, mas com a motivação correta. Como Fábio tinha sérias dificuldades de se expressar, barreiras que não o permitiam sair do cárcere emocional, ele usava os presentes para ter uma ou duas semanas de satisfação na vida afetiva e sexual com a mulher. Porém, em seguida o "efeito" do presente passava, e a vida voltava a ser o desinteresse de sempre. Os presentes eram o combustível para um curto tempo de realização.

Em nossa penúltima sessão, fiz uma pergunta estratégica sobre o fato de ele gastar tanto para produzir uma reação não natural na pessoa amada.

---

[5] Os nomes das personagens mencionadas são fictícios.

— Fábio, que reação você espera de sua esposa depois de presenteá-la? O que realmente você deseja quando compra essas coisas caras para ela?

Pela resposta, descobri que o problema não estava na esposa. Ela apenas não conseguia corresponder à "linguagem do amor" que o marido usava. Fábio só sabia expressar sentimento por meio do dinheiro; suas crenças o limitavam ao extremo.

Inconscientemente, motivado pelo ambiente em que cresceu na infância, preferia dar presentes para ter relação, seja emocional, seja sexual, com a esposa, em vez de investir tempo e esforço para encontrar o caminho de seu coração. Dar presentes era mais fácil do que dialogar até encontrar a paz. Liberar o cartão de crédito era bem mais fácil do que enfrentar o medo de falhar ou o desafio de corrigir a rota matrimonial.

Dar presentes estava em sua zona de conforto, já que ele era rico. Porém, se ele tivesse que navegar no oceano das emoções, estaria entrando em território desconhecido, e isso era ameaçador para ele.

Ao atender os dois em uma sessão especial, a esposa confessou que tinha cerca de 50 bolsas importadas parecidas, centenas de joias e sapatos, mas o que ela queria mesmo era atenção, interesse dele pela vida dela, pelo seu dia, pelos seus sonhos. Ela queria ser tocada, não apenas para o sexo, mas para se sentir valorizada.

Fábio chegava do trabalho já contando seus problemas, suas conquistas no escritório ou como foi o almoço de negócios. A jornada diária da esposa não o interessava; ele nem sequer a beijava ou expressava afeto nessas ocasiões, não estimulava o contato íntimo (não sexual) de um casal. A distância emocional entre eles era tão grande que sexo era raro e, quando acontecia, era chato. Sim, querido leitor, a vida sexual é mais emocional do que física.

Tudo que precisamos para ser felizes é gratuito. E o que realmente é caro, o dinheiro não pode comprar. Fomos criados para ter vida abundante (completa), e não podemos aceitar nada menos que isso.

Forneci a ele ferramentas para trabalharmos de forma multifocal suas emoções e para clarear sua mente para uma tomada de decisão. Perguntei a ele como a vida e os negócios seriam afetados se ele perdesse sua esposa ou se separasse dela. Como ficariam seus filhos? Para onde ele iria? Sua esposa, sendo tão bonita, já estaria se relacionando com alguém? E você, para não ficar atrás, já estaria com outra pessoa também? Pedi que mentalizasse ponto a ponto e depois escrevesse tudo que viera à sua mente. Foi um choque!

O corpo (físico/financeiro) dele estava saciado, e eu só precisava reeditar algumas crenças, por meio de perguntas tão profundas que gerariam reflexão, respostas e, consequentemente, mudanças. Essa metodologia revolucionou a história do casal. Eles foram orientados por meio dos exercícios do *coaching* a construir muitas "janelas *light*", a ponto de neutralizar as traumáticas que haviam sido abertas. Fábio e Larissa estão felizes até hoje. Eles aprenderam a arte do diálogo, o poder de questionar seus sentimentos e o dom de se interessarem um pelo outro, valorizando um ao outro.

Na vida, não há prêmios nem castigos; somente consequências de nossas escolhas diárias.

Caso 2

Júnior foi traído pelo amigo de infância e funcionário de sua empresa. Uma experiência negativa como essa encarcera o eu (gestor psíquico) e forma janelas traumáticas ou *killers*, que irão afetar as decisões e o comportamento do indivíduo se não forem neutralizadas. Nunca se é traído por alguém que não seja íntimo. Essa é a dor da traição. Todos, desde a Antiguidade até hoje, já foram traídos de alguma forma e em alguma área, mas, ainda assim, não somos treinados em como reagir às traições e frustrações, mesmo com a certeza de que elas chegarão um dia.

Insisto em dizer que o *homo sapiens*, sendo a única espécie pensante do Planeta, não estuda a construção dos pensamentos e o processo de registro da memória que determina nossas crenças, ações e reações. Esse erro precisa ser reparado.

Temos de entender que a vida é cheia de decepções e descontentamentos. Devemos estar treinados para passar pelas contrariedades e não se entregar às mazelas que aprisionam a mente. Ao contrário, precisamos aprender e amadurecer com cada uma delas.

Júnior, tomado de raiva e decepção, não perdoa o amigo. Essa é a pior coisa que o homem pode fazer, pois, ao não perdoar algo, você o leva para sua cama todos os dias, imprime em sua mente um retrato de seu rosto, escuta sua voz nos cantos da cidade e nunca se liberta do tormento da traição. Como diz o poeta e compositor Luiz Arcanjo em sua canção "Perdão":

Perdão é a canção do amor

Perdoar é se libertar

É quebrar correntes de alguém

É deixar o outro levantar

É abrir mão de toda razão

Nunca usar o trunfo que se tem

Não negar socorro ao seu algoz

Dar a outra face, ir mais além

Se setenta vezes precisar

Vezes sete se preciso for

Perde a conta os que querem a paz

Quem perdoa rega a flor do amor, do amor

Perdão sara a ferida da desilusão

Acende a luz no breu da escuridão

Lava a alma de quem não quer mais a mágoa

Perdão só pode dar quem já cresceu

Tem mais razão o que perdoa

A dor de uma traição não superada agora trará um impacto constrangedor no futuro[6]. É impossível apagar os acontecimentos que foram registrados na memória, mas podemos reeditá-los com novos valores e crenças que nos levarão rumo ao lugar desejado.

Deixo claro que o *coaching* não está relacionado à psicologia. A terapia foca no passado. O *coaching*, no futuro. A terapia remedia. O *coaching* previne. Cada um tem o seu valor, mas são duas coisas diferentes.

O certo é que você merece chegar ao topo. Não deixe que nada, nem mesmo suas emoções, seja agente limitador. Cresça, produza, avance, pois ninguém pode dar aquilo que não tem. Tenha clareza em seus objetivos. Fósforo, lâmpada, refletor, sol... todos são luz, mas nem todos produzem a mesma claridade. Em uma conferência que eu ministrava na Argentina, meu amigo e professor Gustavo Lara, também palestrante no evento, ensinou-me que o nível de sua clareza determinará sua projeção. Isso é impactante!

[6] *Teoria da Inteligência Multifocal*, desenvolvida por Augusto Cury em 2001.

O processo de *coaching* surtirá um efeito poderoso em sua vida se suas emoções estiverem bem cuidadas. No teatro da vida, não há tempo para ensaios. Busque já sua liberdade emocional!

Para ter excelência emocional, é preciso fazer algumas perguntas a si mesmo: "Por que reajo dessa maneira? Onde está a raiz desse "sangue quente"?" e "Por que não consigo me colocar no lugar da outra pessoa que está me ofendendo?".

Pense nos casos que já passamos no trânsito, por exemplo. Ou quando o cartão não passa em uma compra e nos exaltamos com o vendedor como se ele fosse o culpado...

Inteligência existencial

Todos nós temos um propósito em existir. Sabia? É esse propósito que nos conecta com aquilo que não é natural. Estar conectado com o Criador não tem a ver com religião, mas, sim, com a finalidade para a qual fomos colocados neste mundo.

O ser humano tem sede de algo mais. Às vezes, tudo está bem nas finanças, família e emoções, mas ainda assim um vazio insiste em ficar. Existem coisas na vida que só são preenchidas e saciadas no âmbito transcendental. O descanso, por exemplo, nem sempre está nas férias ou em uma folga. Existem executivos que acompanhei que, mesmo depois de 15 dias de férias, voltavam estressados. A estafa não os deixava, e a irritabilidade era constante. O descanso está na mente e no cumprimento da missão existencial.

Por isso as religiões, as seitas e os movimentos espirituais crescem tanto no mundo atual. Todos estão em busca de um refúgio. Mas a paz não é um sentimento; antes, é o estado em que você fica quando está alinhado e equilibrado com o seu propósito.

Outros exemplos para os quais geralmente não atentamos são a gratidão e o serviço. Quero dizer, há uma satisfação imensa nessa dimensão, quando você é grato às pessoas.

Esquecemo-nos constantemente de agradecer com palavras, gestos, presentes e homenagens àqueles que nos ajudaram a chegar onde estamos. Às vezes, o egoísmo e o orgulho falam mais alto, e achamos que conquistamos as coisas somente por nosso esforço. No mínimo, o Criador moveu as peças aqui na terra em seu favor. Seja grato todos os dias. Gratidão não tem prazo de validade.

Sorria para as pessoas que abriram a porta para você. Diga "obrigado" aos que deram preferência a você. Alegre-se sendo grato em tudo, até nas dificuldades. Quem sabe a pessoa que ajudou você foi a mesma que o feriu tempos depois. Ainda assim, a decisão sempre será sua: de perdoar e ser grato ou levar o vazio existencial dentro de si.

O serviço é outra característica da inteligência existencial. Naturalmente falando, ninguém quer servir a ninguém. Mas há um poder no serviço. Principalmente quando você serve aos menores que você. Não existe recompensa em servir aos maiores e bem-sucedidos, pois o fazemos motivados por interesses. Servir aos menores, aos que nunca poderão retribuir, é um segredo para o êxtase existencial. Quando você muda a vida daqueles que convivem com você, o propósito é cumprido.

Isso acontece quando sua empregada doméstica se torna melhor porque aprendeu com suas atitudes, quando seus funcionários sonham em crescer porque foram motivados por você, quando alguém que passou dificuldades na vida imprime seu nome para sempre na história dela, pois foi você quem serviu a ele e o apoiou quando todos o abandonaram. Quando qualquer pessoa que passa por sua vida, independentemente da classe social, da cor da pele e do credo, tem sua vida transformada pela convivência com você, há uma recompensa, e essa recompensa é na área existencial. Isso é impagável.

Não pare de sonhar. Os sonhos fortalecem o corpo e a mente, diminuindo as chances de derrota.

Quando você chega a um ambiente e faz que as pessoas se sintam valorizadas, quando se interessa pela vida delas, quando as escuta, seu propósito está em ação. Elas sempre se lembrarão de você.

Quando alguém sai em plena festa de Natal para distribuir alimentos aos moradores de rua, não está resolvendo o problema dessas pessoas, mas certamente está saciando o próprio sentido de existir, que sempre terá sede de justiça.

O que motivou Madre Teresa de Calcutá a revolucionar a Índia e o que levou Nelson Mandela a produzir e fazer a diferença, mesmo após ficar vinte e sete anos na cadeia, não foi um sentimento ou uma emoção; foi algo transcendental.

O mesmo aconteceu com Martin Luther King Jr., Gandhi e outros grandes líderes mundiais.

Uma pessoa que está com o propósito de vida ativo não conhece o vazio existencial. Pode ficar triste de vez em quando, mas nunca pensará em tirar a vida, por exemplo. Uma pessoa espiritualmente motivada não consegue viver para si mesma. Ela foca em uma missão maior, preocupa-se em contribuir para a humanidade, em deixar um legado para as próximas gerações.

Jesus, o maior *coach* da História, disse certa vez: "Bem-aventurados os pobres em espírito" (Mateus 5.3). Ou seja: felizes são aqueles que todos os dias necessitam de algo, têm fome, sede e são dependentes em sua existência, em seu âmbito transcendental... "pois deles é o Reino dos céus".

Seja qual for sua crença, o Criador, vendo nossa pobreza existencial, nos alimenta todos os dias e sacia nossas necessidades. Isso faz a diferença, pois sempre estaremos abastecidos em uma área na qual mais ninguém pode completar. Segundo uma grande revista norte-americana de divulgação científica, a fé foi a alavanca de 7 dos 10 homens mais ricos e empreendedores do mundo. Use-a sem moderação.

Corpo

O corpo é o condutor dos seus sonhos e projetos. Se ele morrer, tudo acaba. Seu corpo é perecível, mas pode ser aproveitado ao máximo se for bem cuidado.

A disposição de que você precisa para o dia a dia, a força e a motivação necessárias para desenvolver projetos podem ser aumentadas pela potencialização do corpo. Muitas pessoas dizem não ter força de vontade para mudar hábitos, enquanto outras dizem que estão sempre no erro. Bom, erro só se comete uma vez; a segunda vez já é uma decisão.

Você precisa decidir o que quer para a sua vida.

Vamos falar de apenas dois cuidados com o corpo: alimentação e exercício físico. Há quase dez anos convivo e negocio com judeus. Já estive em Jerusalém dezenas e dezenas de vezes. Sou um apaixonado pela história de superação e sucesso daquele povo. Eles têm princípios que os mantiveram vivos por dois mil anos de diáspora, sem perder o idioma, a cultura, os costumes e a religião. Princípios que os mantiveram vivos por quarenta anos no deserto, que os salvaram do horrendo Holocausto. Superaram tudo, conquistando lugar de destaque mundial hoje em dia na tecnologia, ciência e saúde, na produção e exportação, na segurança e muito mais. Eles são referência.

Acredito que o segredo do povo de Israel, que está ligado à saúde, é a comida *kosher*. Anthony Robbins cita em seu livro *Poder sem limites*[7] os benefícios da comida feita da maneira judaica. Coisas como misturar carne com derivados do leite, comer crustáceos, carne de porco e carne com sangue são proibidas no estilo *kosher*.

Ser acompanhado por uma nutricionista também é válido. Pois seguir uma dieta prazerosa é fundamental para não desistirmos no meio do caminho. Comer certo é um segredo de longevidade e bem-estar físico.

Acredito que podemos baixar em 35% o número de pacientes nos hospitais e diminuir o sofrimento que vemos em nosso dia a dia nos hospitais públicos e particulares de nossas cidades se persistirmos em uma campanha de reeducação alimentar e incentivo

---

[7] ROBBINS, Anthony. **Poder sem limites:** o caminho do sucesso pessoal pela programação neurolinguística. São Paulo: Best Seller, 2010.

de exercícios físicos em todo o Brasil. Novamente reafirmo: a educação, seja ela em que nível e assunto for, pode mudar toda uma nação.

Outro segredo é o preparo físico. Há dois exercícios indicados para a manutenção e potencialização do corpo: a natação e a caminhada/corrida. Correr é difícil no início, mas depois você não vive mais sem uma boa caminhada e uma corridinha. Assim como a natação é um exercício completo, a corrida trabalha todas as partes de seu corpo, elimina o estresse, reduz o peso, renova as células e dá uma tremenda disposição. É preciso, no entanto, estar sempre atento ao equipamento usado. O tênis certo, por exemplo, administra melhor o impacto da corrida, diminuindo os riscos de artroses e doenças proeminentes.

Estar no peso ideal e com disposição corporal é fundamental para a sua vida de negócios, vida sexual, para a sua autoestima e, principalmente, para a sua saúde. Não adianta sonhar e projetar se estamos nos matando aos poucos; tudo ficará perdido com a nossa partida. Insistimos em ficar dando opinião, mas o mundo se muda com exemplos. Comece hoje a fazer. Apenas faça! Não podemos acrescentar dias à nossa vida, mas podemos acrescentar vida aos nossos dias.

Concluo que, para alcançar o equilíbrio multifocal, é necessário aprendizado e acompanhamento. O *coaching* tem o poder para isso. As respostas já estão dentro de você e, se não estiverem, vamos encontrá-las juntos.

O *coach* irá dirigir a carruagem rumo ao destino final, pois ele conhece bem o caminho e tem as ferramentas para chegar lá dentro do tempo esperado. Não fique jogado à sorte. Conte com o apoio do *coaching* e palestras do ramo para alcançar a plenitude. Lembre-se: o futuro sempre começa hoje!

"A paciência é uma virtude de quem sabe o que quer."

Capítulo 3

INTELIGÊNCIA FINANCEIRA

Falar de dinheiro em nosso país é um dilema. Alguns ganham muito, e outros vivem na miséria. A má distribuição de renda e a péssima administração do Estado geram transtornos que agridem a população. Não importa se rico ou pobre, todos saem perdendo.

Sempre culpamos os políticos, a polícia, a camada de ozônio etc. Mas nunca assumimos a responsabilidade da mudança. Sim, caro amigo, nada será transformado só por colocarmos a culpa no governo, no vizinho, no Diabo... Nós somos os donos do nosso futuro. A mudança do país depende da sua transformação. Mude você primeiro, e isso refletirá no país inteiro.

Há alguns anos, fui a uma palestra sobre educação financeira. Porém, o método aplicado era tão rigoroso, e eu tão jovem, que acabei não entendendo ou aceitando a filosofia proposta. No entanto, tempos depois, vi um anúncio na *internet* de uma palestra grátis sobre inteligência financeira em um *shopping* do meu bairro. Não perdi a oportunidade. Desmarquei um compromisso menos importante que minha saúde financeira e fui ao evento.

Lá conheci o orador da noite, o homem que me apresentou esse método simples, porém disciplinado, de se educar financeiramente. Semanas depois dessa palestra, comecei a fazer cursos de especialização na área. Fiquei tão apaixonado pelo tema que cheguei a me formar em *coach* financeiro pelo Instituto do *Coaching* Financeiro. Aprendi princípios que me ajudaram a melhorar minha realidade.

Quem quiser dar um *upgrade* em suas finanças a partir de hoje, leia atentamente este capítulo, pois, além de compartilhar o que aprendi, agreguei minhas experiências pessoais e casos aos quais atendi e orientei como *coach* financeiro.

Prosperar é uma decisão. É o encontro dos seus sonhos com a disciplina.

SEGURANÇA – INDEPENDÊNCIA – LIBERDADE

Segurança

Se você perguntar a alguém de seu convívio se ele quer ficar rico, certamente ouvirá um "sim"! Então, pergunte a ele o que é ser rico. Provavelmente você receberá esta resposta: "Ah... ser rico é andar de carrão novo, ter minha casa própria, uma casa na praia, ter um bom plano de saúde, fazer uma viagem internacional nas férias, colocar meus filhos em uma boa escola, ter um seguro de vida etc".

Isso não é ficar rico; isso é o que chamamos de segurança financeira. É essa a condição que todos os brasileiros deveriam desfrutar, ou seja, tranquilidade nessa área para poder empreender a vida com paz. Poder viajar com a família, ter direito a bons hospitais, andar com um carro novo que não quebre na rua, prejudicando o trânsito e envergonhando a família, ter um lazer anual — merecido do trabalhador — é segurança, não riqueza.

Precisamos lutar para que a inteligência financeira chegue às escolas do país, pois assim evitaremos que a próxima geração passe pelo que passamos.

Ter segurança financeira nada mais é que sua renda principal ser o suficiente para cobrir suas despesas e ainda sobrar ao menos 10% para investimentos mensais.

Conceitualmente, *renda principal* é a sua receita familiar, a quantia que você produz mensalmente por meio de seu trabalho principal. *Renda extra* é a receita que entra de tudo aquilo que você gera por fora do trabalho principal; por exemplo, aulas particulares, hora extra, *marketing* multinível, comissões sobre negócios realizados etc. *Renda passiva* é aquela que você já criou e, independentemente de seu empenho futuro, ela é certa; por exemplo, *royalty* de livros, direitos autorais, aluguéis, franquia, previdência etc.

Sem trabalho, nunca vamos ter segurança, mas com excesso de trabalho não temos tempo para pensar e alcançar a liberdade. Quem pensa, prospera! O equilíbrio entre corpo, mente e espírito é uma chave para o sucesso financeiro.

Independência

Quando você está seguro, gasta menos do que ganha na renda fixa e investe o que sobra. Quando sua renda extra está a todo vapor e a renda passiva começa a acontecer, você pode sonhar com a independência. É questão de alguns anos de dedicação, disciplina e força de vontade para que esse sonho se realize.

O que é ser independente financeiramente? É quando seus investimentos geram lucros maiores que sua despesa. Ou seja, nunca mais você trabalha pelo dinheiro; agora ele trabalha para você. Muita gente está devendo por causa dos juros compostos, mas com educação financeira os juros farão você prosperar.

Um exemplo: se você ganha 2 mil reais por mês, então deveria ter um custo de vida de 1.500 reais. Assim, investiria 500 reais todo mês em uma renda variável (bolsa, debêntures, ações, imóveis) e em vinte e oito anos seria um milionário. Se você tem cerca de 30 anos, faça as contas.

Mas, se você ganha mais que isso, as possibilidades aumentam. Quantos jogadores de futebol, artistas e empresários você conheceu que eram milionários e hoje estão vivendo em escassez? Esses homens e essas mulheres tiveram muito, porém nunca usaram a inteligência para se protegerem e se tornarem independentes. Provérbios 2.11 diz que "o bom senso te guardará, e a plena inteligência te protegerá" (*Bíblia King James Atualizada*).

A independência financeira é a garantia de que você um dia terá tempo e recursos para fazer o que sempre quis e realizar seus sonhos. É hora de entrar na estrada rumo ao lugar desejado!

Liberdade

A liberdade vem quando, depois de conquistar segurança e independência, não nos conformamos e queremos continuar produzindo. Somente alguém com uma missão de vida chega a esse patamar; mas, se for só por dinheiro, o nível de insatisfação fica insuportável. Acreditar que você se torna livre para poder libertar outros é fundamental para chegar nesse nível.

Se suas despesas são pagas todo mês pelos seus investimentos e agora você tem tempo livre para produzir, por que não, além de investir mais, multiplicar as rendas abrindo novos ativos?

O estágio da liberdade é quando gastar nunca mais interferirá em seu orçamento, projetos e sonhos.

Um dos problemas do nosso país é que somos bombardeados pela mídia consumista, nunca pela educação.

Os bancos querem nos dar cada dia mais empréstimos e crédito. O comércio quer que cada vez mais compremos aquilo de que não precisamos, e, sem equilíbrio, nós partimos para o *shopping* ou para viagens sem nenhum freio, sem nenhum programa para o futuro.

Se você ganha 2 mil reais por mês e passa a ganhar 3.200 reais, a iniciativa comum é de aumentar o custo de vida, melhorar o carro, redecorar o apartamento, pois essa é a filosofia que nos foi passada.

Conte nos dedos as pessoas de seu relacionamento que, caso recebessem 1.200 reais a mais no salário, usariam esse aumento para investir, pois possuem um planejamento de se tornar independentes em médio prazo. Vasculhe o porão de suas memórias. Lembrou-se de alguém?

A educação financeira será disseminada no Brasil, e em poucos anos construiremos um país rico, não só de dinheiro, mas de sonhos, que a partir daí poderão ser realizados. Se nosso saldo aumentar, vamos investir mais, não gastar mais!

Não troque cinco anos de prazer por cinquenta de privações. As decisões que tomamos hoje refletem em nossas gerações.

Passos inteligentes rumo ao lugar desejado

1. Pare de gastar mais do que ganha

Somente quem gasta menos do que ganha e investe a diferença, prospera. O ser humano tem o péssimo hábito de gastar mais do que entra mensalmente. Como *coach* financeiro, já aconselhei pessoas que ganhavam mais de 40 mil reais por mês e ainda assim viviam endividadas. Cheques devolvidos, cartão de crédito e cheque especial sempre atrasados, gerando juros abusivos.

Quem está rumo ao lugar desejado não precisa provar nada para ninguém, pois já sabe onde vai chegar.

Um dos principais motivos de as pessoas sempre estarem devendo é terem um carro — de que não precisam e que não podem pagar — só para mostrar para os outros quem elas ainda não são. Confuso, não acha?

Comprar a "casa dos sonhos" em trinta e seis anos de parcelas astronômicas que, provavelmente, não serão honradas, apenas para impressionar familiares ou inimigos, é uma atitude constante entre as pessoas que atendo.

A principal causa do gastar mais do que se ganha são as mazelas emocionais. Pessoas que não desenvolveram ainda a inteligência emocional podem descontar frustrações e perdas em compras e gastos desnecessários.

Gostaria de reforçar que suas emoções controlam tudo. Na verdade, nunca precisamos de dinheiro; precisamos das coisas que o dinheiro compra. Mas o que nos torna felizes e completos não está à venda e é conquistado com outra moeda. Uma moeda rara neste século que se chama amor!

Conquiste primeiro tudo o que o dinheiro não compra e depois busque a prosperidade. Assim, seu equilíbrio emocional proporcionará anos de paz e muita alegria.

Reavalie suas motivações em comprar as coisas. Interrogue-se a si mesmo. Pratique a mesa redonda do eu. Questione-se. Duvide de suas vontades. Só assim você será o dono de si mesmo. Suas vontades não podem controlar você. Você controla suas vontades. Mude radicalmente!

Escreva nas linhas a seguir suas últimas aquisições fora de suas possibilidades:

_____

_____

_____

Agora assinale em seguida o motivo dessa compra desnecessária:

( ) Falta de educação financeira

( ) Falta de excelência emocional

( ) Vontade

( ) Sonho

Nenhum dos anteriormente citados. O motivo é:

_____

_____

Você precisa entender que o dinheiro que perde e gasta hoje nunca volta. Se você ganhar mais no futuro, será outro, mas nunca o mesmo dinheiro.

Você gasta 300 reais em um jantar para impressionar amigos, mas não investe 200 reais em uma consultoria financeira ou em um curso sobre o tema?

Mude sua forma de pensar sobre dinheiro. Repense suas crenças sobre o assunto. Existem pessoas que possuem uma séria limitação nessa área, pois pensam que, por não serem prósperas, nunca serão. Então, gastam sem planejamento o pouco que têm.

2. Aprenda a investir

Existem no Brasil algumas dezenas de ótimos investimentos. Pôr dinheiro na poupança **não** é um deles. Tem gente que diz que nada é mais seguro do que a poupança, porém quando o então presidente Fernando Collor, no início dos anos 1990, bloqueou o dinheiro da população, foi o dinheiro que estava aplicado onde? Quando a presidente Dilma mudou a regra de juros dos bancos, qual foi a área mais afetada? Sim, a poupança.

Não existe segurança total quando falamos em investimento. Porém, há caminhos menos arriscados para garantir um futuro financeiramente saudável e melhor.

Hoje a bolsa de valores está se popularizando cada vez mais. No entanto, somente cerca de 545 mil brasileiros têm o costume de aplicar na bolsa. Já nos Estados Unidos, mais de 40% do país é constante nesse tipo de investimento. Alguns brasileiros tendem a investir em imóveis, o que é ótimo, mas ampliar o leque de opções é muito interessante para quem sonha com a independência financeira.

Certa vez, eu almoçava com um mestre financeiro e ele citou algo impactante: "Um bom *network* leva você onde o dinheiro jamais levará". Isso é profundo, pois nos ensina a investir mais em pessoas do que em coisas.

Formar um bom *network* (rede de relacionamentos e contatos) está muito mais ligado à sinceridade e serviço das relações interpessoais do que às superficialidades de um aperto de mão por interesse.

Seus melhores investimentos sempre serão em amizades. Enfim... alguns cursos de investimentos financeiros estão disponíveis na internet ou em escolas e institutos especializados no assunto. Se o tema interessa e você acredita que pode ser um investidor e com isso prosperar, não perca tempo. Junte-se à turma! Agora, vamos conhecer um caso financeiro real.

Caso financeiro[8]

Júnior é um microempresário, e sua empresa aparentemente crescia a cada ano. De repente, diante de uma situação alarmante de perigo de falência, ele me ligou e marcou uma hora para que eu avaliasse a situação e prestasse uma consultoria. Começamos pelo mapeamento básico de sua vida financeira: ativos, investimentos, renda

---

[8] Nome fictício.

principal, renda passiva, fluxo de caixa, despesas, receitas, dívidas passivas, previdência e seguros.

O diagnóstico veio rápido. A situação de Júnior era a cópia fiel do que muitos empresários e cidadãos comuns estão vivendo em seu dia a dia. Meu cliente lutava para chegar ao sonhado patamar da segurança financeira, ou seja, que sua renda principal, proveniente de sua empresa, pagasse todos os seus custos e despesas. Porém, Júnior, em sua falta de educação financeira e má administração emocional, adquiria coisas que só quem está no estágio da liberdade poderia obter.

Ele podia andar com um bom e novíssimo carro nacional, mas a pressão dos amigos e da sociedade para se mostrar próspero o fez comprar em 60 parcelas caríssimas um lançamento importado.

Esse erro clássico acontece quando entra um dinheirinho a mais e achamos que podemos realizar algum sonho pendente e assim frustramos anos de prosperidade no futuro. A etapa de realizar sonhos não é enquanto estamos construindo segurança financeira. A busca pelo prazer imediato está em todos os níveis do ser humano, mas, na vida financeira, parece-me que é ainda maior. Se Júnior economizasse o valor das 60 parcelas, investindo o valor na bolsa, por exemplo, nos mesmos cinco anos em que ele estaria quitando o carro, agora já desvalorizado, ele poderia comprar dois iguais à vista!

Encerrei o caso, fazendo um planejamento de médio prazo para saldarmos dívidas, prestações e compromissos assumidos para obter o superficial. Depois blindamos a vida financeira de Júnior, dividindo bem o que se pode e o que não se deve fazer em cada etapa financeira. Estabelecemos metas e prazo para chegarmos à independência e, em um futuro próximo, conquistar a liberdade financeira.

Com foco no problema, sem fugir da tensão que a situação proporciona, pois é isso que nos amadurece, podemos em pouco tempo zerar nossas pendências atuais e começar a construir um futuro de paz e tranquilidade.

Os três estágios de todo ser humano são necessidade, abundância e superabundância.

Necessidade é o estágio em que muitos de nós vivemos. Não está conectada ao financeiro, pois cada um tem uma necessidade diferente. Mas esse é o patamar em que geralmente começamos a empreender. A necessidade é uma plataforma não fixa, ou seja, você pode avançar um dia para a próxima fase. Mas afirmo que a necessidade é essencial para amadurecer conceitos, fortalecer os objetivos e alinhar as estratégias. Esse estágio o leva à reflexão, a conhecer a si mesmo e, principalmente, a definir seus sonhos.

Quando somos "promovidos", passamos para a abundância, a zona mais perigosa de todas, pois começamos a experimentar coisas que potencializam quem realmente somos. É nessa fase que muitos caem e não se levantam; nessa fase muitos mostram as mazelas escondidas pelos anos de aperto. Muitos na época da necessidade não usaram a dor para construir um caráter inabalável; usaram-na para intensificar mágoas, vingança e ódio no coração.

A abundância é um trampolim que joga você de volta para a necessidade ou projeta você para o próximo nível. Tudo vai depender de suas reações e comportamentos diante de uma fartura que você nunca teve. Seu comportamento é fruto de seus pensamentos, e seus pensamentos são construídos pelo que você vê, escuta e sonha. Sua inteligência emocional e sua inteligência financeira serão suas maiores aliadas nessa fase.

Quando se é aprovado na abundância, a superabundância é inevitável. É algo parecido com a liberdade financeira. Esse pode ser um estado fixo, pois dificilmente alguém que construiu as pontes para chegar até lá regride para algo inferior.

Outra coisa interessante é saber que as pessoas com quem você anda determinarão o estágio em que você ficará. Um provérbio do homem mais sábio do mundo dizia: "Ande com os sábios e será sábio". Aprenda a andar com pessoas que vão ensinar e mentorear você, transmitir experiências e conhecimento.

Esse é o caminho que escolhi para nunca parar de crescer. Adoro almoçar com pessoas que já venceram os desafios que estou enfrentando atualmente; amo tomar café com sobreviventes de crises e quebras; invisto tempo, escutando a vida de homens e mulheres que foram muito além do lugar onde estou.

Lembre-se sempre do que é correto, não do que é conveniente. Pois o que você faz nunca será mais importante do que como você faz.

A inteligência financeira é adquirida, não nasce com você. Homens ricos podem se tornar pobres sem ela, e pobres podem se transformar em referência de vida vencendo com ela.

Minimize seus erros e maximize suas qualidades! Para ter recursos financeiros, primeiro preciso saber quanto eu quero. O que paga minha qualidade de vida. A forma com que você ganha esse dinheiro determinará se sua vida é saudável ou destrutiva. O como é mais importante do que o quanto.

Tenha certeza de que a segurança financeira representa boa parte da sua qualidade de vida!

Saber como ganho, como gasto e como invisto define essa segurança. A sabedoria sempre será seu melhor investimento, pois ela determina o que você faz com seu dinheiro.

Uma coisa é você ser rico; outra coisa bem diferente é você ter padrão de rico. Tem gente com muito *status* e pouco extrato. Muitos casamentos se desfizeram por problemas financeiros, e muitas amizades foram rompidas por isso. Quantas famílias se destruíram por discussões de herança ou ações! A cada dia que passa, percebo que o dinheiro é um ótimo servo e um péssimo senhor, e o amor a ele é a raiz de todos os males da terra.

Finalizo este capítulo contando uma experiência pessoal. Sempre fui gastão. O ditado "dia de muito, véspera de nada" se aplicava exatamente a mim. Eu não conseguia controlar os impulsos de comer em um bom restaurante ou de comprar algo em uma promoção, mesmo que não estivesse precisando daquele produto. Minhas emoções me controlavam. Eu só queria aquele prazer imediato que uma comprinha proporciona.

Para resolver isso, primeiro tive que lutar contra o maior inimigo que tenho: eu mesmo. Aprender a dominar minhas vontades e governar meus sentimentos não foi um desafio fácil.

Comecei a aplicar no meu dia a dia os princípios da educação financeira, tais como:

- Fazer uma planilha semanal de gastos (fiquei surpreso em como eu gastava muito com coisas que não calculava. Desde o guaraná na rua até um corte de cabelo).

- Proibi-me de comprar a prazo, seja no cartão, seja com cheque, seja por qualquer tipo de financiamento. Enquanto não estivesse consciente financeiramente, comprometi-me que só iria comprar algo que tivesse dinheiro disponível para comprar.

- Substituí prazeres. Por exemplo: troquei almoço em churrascarias por uma boa carne feita em casa.

Saí da academia por um tempo e comecei a fazer caminhadas e corrida no calçadão. Cortei até os cafezinhos na rua, que às vezes totalizavam 30 reais em um único dia, pelo café do meu escritório etc.

- Não é que você tenha de viver se privando para sempre, mas quem está rumo ao lugar desejado precisa saber o que quer. E deve pagar o preço para chegar lá!

Em alguns meses, ainda que sofrendo pelo controle, consegui ver resultados aparentes.

Hoje não sou seduzido pelos meus olhos, e um comercial de TV não me influencia mais. Uso a inteligência que o conhecimento nos dá para investir naquilo que me dará um retorno, não para gastar em algo que nunca me trará benefício algum. Para mudar meu bolso, tive que mudar minha mente.

Hoje sei de quanto preciso para viver em paz e em quanto tempo planejando, trabalhando e investindo posso chegar a esse objetivo. Agora, minha disciplina será o termômetro dessa conquista.

Caro leitor, agora só depende da gente. A economia de sua cidade e de seu país não muda se a sua não mudar. Saúde financeira é essencial para uma vida feliz. Não defendo que todos devem ser prósperos e ricos, mas, sim, que todos devem ser saudáveis financeiramente.

Finalizo este capítulo contando uma experiência pessoal. Sempre fui gastão. O ditado "dia de muito, véspera de nada" se aplicava exatamente a mim. Eu não conseguia controlar os impulsos de comer em um bom restaurante ou de comprar algo em uma promoção, mesmo que não estivesse precisando daquele produto. Minhas emoções me controlavam. Eu só queria aquele prazer imediato que uma comprinha proporciona.

Para resolver isso, primeiro tive que lutar contra o maior inimigo que tenho: eu mesmo. Aprender a dominar minhas vontades e governar meus sentimentos não foi um desafio fácil.

Comecei a aplicar no meu dia a dia os princípios da educação financeira, tais como:

- Fazer uma planilha semanal de gastos (fiquei surpreso em como eu gastava muito com coisas que não calculava. Desde o guaraná na rua até um corte de cabelo).

- Proibi-me de comprar a prazo, seja no cartão, seja com cheque, seja por qualquer tipo de financiamento. Enquanto não estivesse consciente financeiramente, comprometi-me que só iria comprar algo que tivesse dinheiro disponível para comprar.

- Substituí prazeres. Por exemplo: troquei almoço em churrascarias por uma boa carne feita em casa.

Saí da academia por um tempo e comecei a fazer caminhadas e corrida no calçadão. Cortei até os cafezinhos na rua, que às vezes totalizavam 30 reais em um único dia, pelo café do meu escritório etc.

- Não é que você tenha de viver se privando para sempre, mas quem está rumo ao lugar desejado precisa saber o que quer. E deve pagar o preço para chegar lá!

Em alguns meses, ainda que sofrendo pelo controle, consegui ver resultados aparentes.

Hoje não sou seduzido pelos meus olhos, e um comercial de TV não me influencia mais. Uso a inteligência que o conhecimento nos dá para investir naquilo que me dará um retorno, não para gastar em algo que nunca me trará benefício algum. Para mudar meu bolso, tive que mudar minha mente.

Hoje sei de quanto preciso para viver em paz e em quanto tempo planejando, trabalhando e investindo posso chegar a esse objetivo. Agora, minha disciplina será o termômetro dessa conquista.

Caro leitor, agora só depende da gente. A economia de sua cidade e de seu país não muda se a sua não mudar. Saúde financeira é essencial para uma vida feliz. Não defendo que todos devem ser prósperos e ricos, mas, sim, que todos devem ser saudáveis financeiramente.

Não sei se dinheiro traz felicidade, mas tenho certeza de que a pobreza traz tristeza.

A maioria dos problemas financeiros vem pelo seu comportamento com o dinheiro. Dinheiro é mais emocional do que racional.

Tipos de rendas

RENDA FIXA

A renda fixa é o que você ganha todo mês para garantir sua segurança financeira. Se você é assalariado, sabe bem do que falo.

A maioria dos brasileiros e latinos vive com uma renda fixa. Somos instruídos desde que nascemos a estudar formalmente, fazer uma faculdade, arranjar um emprego estável, trabalhar por trinta anos para conseguir pagar a casa própria, ter uma aposentadoria decente e, então, morrer. Muitos nem conseguem alcançar a estabilidade, quanto mais a prosperidade.

Ter uma renda fixa ou principal é a certeza de que as contas estarão pagas no fim do mês.

Você deve fazer uma planilha de custos mensais, separando os custos fixos dos variáveis. Gastos com conta de energia, telefone, aluguel, prestação do carro, escola das crianças e coisas do tipo são o seu custo fixo. Ou seja, todo mês você terá de pagá-lo. Já os gastos com combustível do carro, roupas ou almoços e jantares fora de casa formam o seu custo variável.

Seus custos fixo e variável devem representar, juntos, no máximo, 80% da sua renda principal. Se você ganha 2.000 reais por mês, seus custos mensais devem totalizar 1.600 reais. Os 400 reais restantes devem ser usados em investimentos mensais. Você pode guardar esse dinheiro para os "dias ruins" e, de alguma forma, investir na melhoria de sua aposentadoria.

Como digo no livro *Dinheiro é emocional*, nossas frustrações e privações do passado acabam determinando como gastaremos nosso dinheiro no futuro. Muitos poderiam praticar o conceito 80/20, ou seja, gastar 80% e guardar ou investir 20% do que recebem por mês, mas suas emoções não permitem. Como temos a necessidade neurótica de aceitação, compramos carros que não podemos pagar, roupas que não podemos usar. Tudo para agradar a pessoas que não gostam da gente. É loucura, mas é realidade!

Um empresário, por exemplo, pode ter uma renda variável, caso viva de participações e comissões, não do pró-labore. Um vendedor também.

Como se organizar se não sei quanto realmente ganho? Independentemente do que entra, você sabe exatamente quanto sai. Meça por aí! Se você tem entradas variáveis, mas um custo fixo de 1.600 reais, já sabe que não importa o que aconteça você não pode ganhar menos que 2.000 reais naquele mês.

Um conselho para quem não é disciplinado emocional e financeiramente: cancele o cartão de crédito e o cheque especial. Eles só são úteis para quem sabe lidar com dinheiro e fazer mais dinheiro.

Quem tem inteligência financeira faz dinheiro com seu cartão. Paga todas as suas contas do mês com ele e troca por pontos no fim. Economiza nas passagens aéreas, nas diárias de hotéis e na compra de diversos produtos. Mas quem não possui essa inteligência verá que o cartão será um devorador de seus recursos. Ele irá acionar gatilhos mentais quando você estiver diante de coisas que quer, mas, no fundo, não precisa. No fim do mês, a conta chega e começa mais um inferno.

Sua renda fixa, caso você a tenha, deve cobrir seus custos fixos e variáveis, e você deve se educar para que sobre 20% dessa renda para investimentos. Se você é cristão, provavelmente é dizimista. Isto é, 10% de toda a sua renda você entrega mensalmente na igreja. Ainda assim, sobram 10% para investimentos.

Mas vou contar um segredo: ninguém fica rico com renda fixa!

Mesmo que você ganhe muito, muito bem, seus custos irão acompanhar as entradas. Suponhamos que agora você ganhe 40 mil reais mensalmente. Aposto que você levantou os olhos e começou a imaginar o que faria com isso!

Bem, se você tivesse um salário, uma renda fixa nesse valor, não iria morar onde está morando, não teria o carro que tem, não comeria onde come, nem passaria férias onde passa. Só nos itens citados, seus custos já praticamente se igualam às entradas. Entendeu? A renda fixa jamais o deixará rico.

O que é riqueza? É liberdade, poder de escolha!

RENDA EXTRA

Aqui está o segredo!

O que é renda extra? É o que você consegue ganhar usando o tempo livre. Aquele tempo que sobra quando você não está trabalhando para receber a renda fixa ou principal. Exemplo: Ronaldo[9] é funcionário de uma empresa de comunicação e ganha 2.300 reais por mês. Como ele trabalha de segunda a sexta, das 8 às 17 horas, em algumas noites e nos fins de semana ele grava vídeos, ensinando alunos a tocar guitarra (o que antes era um *hobby*) e, com isso, ganha até 1.500 reais. Isso é a renda "extra" dele.

Existem muitas formas de fazer renda extra:

- Trabalhar com *marketing* multinível (revenda de cosméticos etc.);
- Um *blog* ou canal no YouTube;
- Loja virtual;
- Aulas particulares;

[9] Nome fictício.

- Vendas de coisas que você não usa mais;
- Compra e venda de carros;
- E muitas outras formas... tudo depende de sua criatividade e força para trabalhar!

Onde está o segredo? Bem, se suas contas estão pagas pela renda fixa, o que entra a mais vai sobrar. A maioria das pessoas não vê dessa forma. Quando entra um extra, elas aumentam o padrão de vida, fazem compras parceladas de olho no valor que está entrando naquele período ou, simplesmente, arranjam algo em que gastar.

Mas, para os que possuem inteligência financeira, as contas serão pagas pela renda fixa, e tudo que entrar pela renda extra será transformado em investimento! No caso de Ronaldo, no exemplo citado anteriormente, ele tem 1.500 reais por mês só para investir: comprar cotas de terrenos, apartamentos em construção, ações da bolsa etc.

Veja o meu caso. Sou diretor-executivo do Instituto Destiny. Tenho um pró-labore predeterminado pela diretoria. Vivo do que ganho e jamais misturo finanças pessoais com a corporativa.

Muitas empresas quebraram justamente por não saberem separar isso. Empresa foi feita, como bem define o dicionário, para fins lucrativos, para ganhar dinheiro. Se você quer ajudar alguém, quer fazer obra social, quer doar algo, faça isso com recursos de sua conta física. Não use a jurídica!

Sendo assim, pago meu custo fixo e planejo o custo variável em cima do pró-labore. No entanto, tenho rendas extras. Escrevo livros, dou palestras, tenho outros materiais na minha loja virtual, como DVDs etc. Tudo isso não entra para minha casa, mas, sim, para meus investimentos. O objetivo é a liberdade financeira.

 Integridade não é ausência de erros. Mas como reagimos quando eles acontecem? Isso vale para as nossas finanças!

RENDA PASSIVA

Renda passiva é o dinheiro que você pode ganhar sem gastar um tempo significativo. É quando o dinheiro trabalha para você, não o contrário. É como um sistema que continuará funcionando mesmo depois que você não der mais tanta atenção a ele.

Tipos de renda passiva:

- Aluguéis (você um dia trabalhou para comprar duas casas. Hoje você lucra com o aluguel de uma delas).
- Direitos autorais ou de imagem (muita gente lucra bastante com composições musicais ou fotos que fez).

- Participação nos lucros de empresas ou investimentos.

POTE FINANCEIRO

Mas, Tiago, eu nunca vou poder gastar dinheiro? Como serei feliz assim?

Como, se a renda fixa já tem destino: pagar as contas da casa? Como, se a renda extra também tem destino: investir para a independência e liberdade financeira? Quando vou tirar aquelas férias dos meus sonhos, trocar de carro, comprar algo que quero muito, se usar crédito não é uma opção?

Simples: fazendo um pote financeiro.

O que é um pote financeiro?

É uma estratégia para você levantar uma quantia em dinheiro que hoje não tem de um lugar novo para pagar um desejo, como o de viajar, por exemplo.

Certa vez, com a aproximação do período das férias escolares, minha esposa me intimou a levar as crianças à Disney, nos Estados Unidos. Já tínhamos levado as crianças muitas vezes para lá e, no ano em questão, eu não poderia ter essa despesa. Estávamos envolvidos com tantos projetos que eu só queria investir neles! Mas minha esposa insistiu. Então, de onde tirar o dinheiro da viagem se a renda fixa e a extra estavam comprometidas?

Criei um pote financeiro e coloquei o nome de Webnário. Vi em minha agenda que em uma quinta-feira à noite eu estaria livre. Avisei minha equipe de que faria um seminário de três horas via internet e cobraria um preço X, já incluindo a apostila em PDF (material que escrevi exclusivamente para esse evento).

Na quinta à noite, das 21 horas até a meia-noite, lá estava eu com mais de 100 alunos me assistindo *on-line*. Foi muito produtivo, e, somente nessas horas da noite, levantamos 80% do dinheiro necessário para a viagem.

Isso é criar um pote financeiro, entendeu?

Como trabalhei muitos anos com turismo, via muitas senhoras aposentadas pagarem pelos pacotes para a Europa e Israel que eram caros. Ficava curioso e perguntava como era possível com um salário de aposentada pagarem à vista uma viagem daquela. A maioria respondia que ficou de seis meses a um ano vendendo doces para fora, fazendo artesanato etc. Ou seja, potes financeiros para um objetivo definido.

Todas as festas de aniversário de nossos filhos e itens pessoais de minha esposa, ela compra com a renda que levanta de uma loja virtual que montou há alguns anos. Ela usa esse dinheiro somente para objetivos definidos, como já dito: festa das crianças, algumas viagens, além de bolsas, sapatos etc.

E você, qual a sua desculpa para não começar a prosperar hoje? Escreva seu objetivo, crie um pote financeiro para realizá-lo e boa sorte!

 Os sentimentos não são guias confiáveis da conduta humana. Compre e invista 80% com a razão e 20% com a emoção.

"Suas palavras tocam onde suas mãos não alcançam."

Capítulo 4

EMPREENDEDORISMO NO SÉCULO XXI

O brasileiro é, sem dúvida, um dos povos mais empreendedores do mundo. O verão chega e cada um já inventa um negócio para fazer dinheiro. Haja vista a criatividade em nossas praias nesse período. O Brasil é único. Aqui uma sala da casa vira salão de beleza, e um quintal vira restaurante.

Entre os grandes cientistas, pensadores, empresários, educadores e esportistas estão os brasileiros. Mesmo que ainda não sejamos reconhecidos internacionalmente em todas essas áreas. Mesmo que ainda não tenhamos ganhado nenhum Prêmio Nobel exclusivamente brasileiro. A força de nosso povo é imensurável. Somos uma nação admirável, e não podemos deixar que os últimos anos de vergonha e desamparo retirem a glória de quem somos. Somos um país de tamanho continental, de beleza incomparável. Nossas cidades são comentadas pelo mundo; o Rio de Janeiro é nosso! Somos uma terra de povo simples, mas feliz. As tragédias naturais e muito menos a desgraça da política nacional não conseguiram arrancar o sorriso do nosso rosto.

Em breve, a educação multifocal tomará os quatro cantos desta terra dourada e outras nações verão que um filho deste solo realmente não foge à luta, ao trabalho, ao estudo e às conquistas. O nível de preparação de nossas crianças e jovens dará ainda mais ousadia para avançarmos. Todos reconhecerão que somos um gigante pela própria natureza.

Nosso povo vai empreender como nenhum outro. Estamos lutando para criar as bases para essa demanda, semeando conhecimento através de nossos seminários e treinamentos. E assim será o empreendedorismo do século XXI. A força, o carisma, o conhecimento multifocal e a resistência do nosso povo nortearão decisões e negócios internacionais. Uma população informada e próspera de entendimento não se vende. E, se o povo não se vende, os políticos não têm quem comprar. Dá para melhorar o país, não?

Hoje estamos entre as oito maiores economias do mundo. Nosso produto interno bruto, o famoso PIB, apesar de ter sofrido algumas oscilações negativas, cresce a cada dia — às vezes, menos que o esperado, mas cresce. Nossas expectativas são boas. Porém, algo tem me preocupado dia e noite: como chegaremos a esse lugar sonhado e desejado se não existem escolas populares de empreendedorismo, se a carência de informação e conhecimento nesse segmento é tão crítica? Se as escolas de ensino fundamental não possuem matérias competentes sobre o assunto?

Tenho me esforçado para levar entendimento aos que não têm acesso a isso. Eu e meus pares temos gastado dias, servindo à comunidade e à coletividade, trazendo o mundo para o Brasil e levando o Brasil para o mundo.

A primeira vez em que ouvi a palavra "internacionalização", eu estava em Orlando, na Flórida, em uma aula da universidade em que concluí os estudos. Essa palavra não surtiu um efeito imediato em minha mente, mas à medida que o professor, que era latino, abordava a capacidade que alguns povos têm de se internacionalizar, eu me lembrava dos meses em que vivi na Europa quando era mais jovem. Pois por lá as crianças já crescem aprendendo novas culturas, idiomas e convivem diretamente com pessoas dos quatro cantos do Planeta. São internacionalizados!

Nosso professor citou uma estatística na qual o brasileiro aparecia como o número 1 na lista de pessoas com mais capacidade de se adaptar a uma nova cultura, regras e leis. A psicoadaptação era mais rápida e recorrente no povo brasileiro. Sabendo disso, as grandes multinacionais começaram a buscar executivos e CEOs brasileiros para seus projetos internacionais. O Brasil começa a se internacionalizar.

Você ainda não enxergou o potencial que tem só por ter nascido neste país! Atente para o fato de que só entra em palácios quem tem qualidade para estar diante de reis.

 A oportunidade tem o hábito de andar disfarçada.

Lembre-se sempre do que é certo, não do que é conveniente, pois o seu caráter determina o nível do seu empreendedorismo.

Vamos aos princípios que, na minha visão, podem fazer você ser bem-sucedido em seus empreendimentos.

1. Entender antes de empreender

Uma armadilha de nossa mente é achar que já sabemos como fazer. Falaremos sobre isso com mais detalhes no capítulo "Os cinco conselhos da nobreza".

Por mais experiente que você seja, nunca deve tomar uma decisão sem acompanhamento de um ou mais mentores, conselheiros da área e, se possível, dos amigos e família.

Empreender pode roubar seu tempo, uma das poucas coisas nesta vida que é irrecuperável. Por isso, não erre ao começar a sua vida de empreendedor. Isso pode custar a você anos que jamais voltarão. E isso é muito pior do que perder dinheiro. Avalie, estude e analise antes de empreender.

É provável que hoje você esteja em um lugar que não é o desejado ainda. A primeira coisa a fazer é visualizar onde você quer chegar, desenhar o caminho até lá, contar com pessoas que sabem como percorrer esse caminho e ter certeza de que o destino pretendido é realmente o seu sonho.

Um pequeno aviso: para tudo isso, você terá de desenvolver humildade, uma qualidade que está em falta nos dias de hoje. Nos momentos de crise e contrariedade, podemos revelar quão orgulhosos somos. Desenvolver a humildade dará um grande suporte para você chegar ao topo. Com as vitórias vem o orgulho. Com o orgulho vem a queda.

Certa vez, eu estava em São Paulo, aplicando uma sessão de *coaching*. E a cliente, já chorosa, contava que tinha perdido seis anos da vida fazendo uma faculdade que não queria e abrindo um negócio baseado nessa formação.

Eu perguntei: "Mas por que você fez essa faculdade e abriu esse negócio?", e ela respondeu: "Eu li em uma revista que essa seria a tendência do século XXI". Como alguém em um mundo tão competitivo e escasso de recursos abre um negócio apenas porque leu algo em uma revista? A ideia pode até nascer lendo uma revista, mas para empreender é necessário entender.

Exercício

Liste três tipos de negócios que você amaria empreender.

_____

_____

_____

Agora, explique quanto você entende de cada empreendimento e em qual deles você tem mais *expertise*?

_____

_____

_____

Seu negócio escolhido dentre os três apresentados anteriormente é o que oferece maior rendimento ou maior satisfação?

_____

_____

_____

2. Montar uma equipe eficaz

O maior treinador de líderes que a humanidade conheceu não começou seu empreendimento, sua missão, sem primeiro formar uma equipe. Ele selecionou 12 homens da Galileia para começar um projeto que dividiu a História. Doze homens despreparados, mas com gana de aprender.

O maior empresário do início dos anos 1990, em minha opinião, foi o americano Steve Jobs. Ele morreu em 2011 e, ainda assim, sua empresa, a Apple, não parou. A equipe de Jobs estava preparada para agir e empreender com ou sem ele.

Uma equipe eficaz funciona como uma blindagem para proteção e como uma máquina para produção.

Investir em pessoas é uma das tarefas mais árduas do líder. É extremamente cansativo e frustrante treinar uma pessoa, investir tempo e recursos nela e depois sofrer uma decepção com ela. Porém, não há outra rota para a formação de um *staff*. A persistência deve ser sua maior aliada.

Ninguém constrói nada sozinho. Você pode ser o melhor engenheiro do mundo, mas precisará de um pedreiro. Você pode ser um grande arquiteto, mas encanador, eletricista e um pintor são essenciais para a execução de seu trabalho. Uma equipe bem formada e bem treinada, pensando e sonhando como você, dará frutos que vão permanecer por gerações.

Mas não se iluda. É pouco provável que os membros de sua equipe cheguem preparados. O rei Davi, de Israel (cerca de 1000 a.C.), quando era jovem teve de fugir da perseguição do rei da época, Saul. Escondeu-se em uma caverna chamada Adulão. Lá se juntaram a ele os endividados, os marginalizados, aqueles que ninguém queria. Davi formou com esses homens rejeitados o exército mais poderoso da História. O exército de Israel.

Com uma equipe treinada e capacitada, seus sonhos chegam mais rápido. A equipe completa aquilo que o líder não possui. No meu caso, por exemplo, sou especialista em organização relacional e criativa, mas não domino administração ou gestão de sistemas. Por isso, minha equipe vem comigo, completando tudo aquilo que não sou capaz de preencher.

 Ideias geniais não funcionam em sistemas ruins.

Quando explico à minha equipe que somos um, mesmo sendo muitos, falo sobre o significado da palavra hebraica *'ehad*, que significa unidade múltipla ou composta. Como assim? Imagine um cacho de uvas. É apenas um cacho, porém é formado por várias uvas reunidas.

3. Foco em resultados

É pelos frutos que se conhece a árvore, e se conhece uma pessoa pelos seus resultados. Quantas pessoas você conhece que trabalham há anos, são esforçadas, tiveram oportunidades na vida e ainda assim não têm nenhum fruto para mostrar? Pessoas que não possuem resultados à vista.

Normalmente, aqueles que empreendem somente por causa das "oportunidades" que aparecem não são treinados para o sucesso e não planejam o caminho até lá. A falta da visão holística do negócio faz que muitos caiam e nunca alcancem o lugar desejado. Caro leitor, foco é uma palavra muito falada e pouco praticada. Focar no que você deseja, não se distrair com as "oportunidades" do caminho ou entrar na carruagem rumo ao seu destino exige determinação. Com foco em suas metas e objetivos, o planejamento fará sentido e o impossível começa a ser viável.

> "Sorte é o que acontece quando a
> oportunidade encontra o planejamento."
> – Thomas Edison (1847-1931)

Um executivo com um currículo invejável, hoje em dia, não substitui um gerente, ainda que sem formação acadêmica, mas que gera excelentes resultados. O que todos esperam é que a árvore dê frutos. Uma árvore que não produz só serve para ser cortada e ter sua madeira vendida para a indústria de móveis.

Como definir se meus resultados são positivos ou negativos? Um negócio que só dá resultados financeiros é um negócio pobre. O lucro é a forma mais antiga de avaliar resultados, porém no século XXI isso está sendo julgado por outros fatores, tais como a missão, a valorização do consumidor, a sustentabilidade etc.

Nunca tantas empresas foram abertas e fechadas como nos dias de hoje, e isso acontece porque os empreendedores confundem lucro com resultado. O resultado é a consequência de uma ação planejada para atingir um alvo. Você sabe que seus resultados são positivos quando a consequência de tudo que você empreende é ecológico, ou seja, bom para todo mundo!

Quando você apenas lucra financeiramente, por mais que pareça bom, o resultado pode ser negativo. Construa valores que farão você trabalhar para contribuir com as pessoas, melhorar a humanidade. Assim, o lucro, apesar de importante, não será a essência do seu empreendimento.

4. Desenvolver liderança

Martin Luther King Jr., Mahatma Ghandi, Mandela e outros grandes líderes não nasceram como tais. Ninguém nasce liderando. Os grandes exemplos que passaram pela terra permitiram que as adversidades da vida, a falta de recursos, a oposição e o "desencorajamento" das pessoas moldassem nelas um caráter de líder.

Liderar é influenciar. Liderar é assumir responsabilidade. Liderar é arriscar sem medo.

Liderar é tomar decisões. Liderar é amar pessoas. Liderar é guiar. Liderar é apascentar.

Liderar é doar.

Não há como empreender sem liderar!

A rota pode ser linda, mas qual é o destino?
Não empreenda sem saber para onde você está indo.

Exercício:

- *Qual foi a sua maior decepção na infância?* [...]
- *Quem foi a pessoa mais incrivelmente apaixonante da sua vida?* [...]
- *O que você faria se ganhasse na loteria?*
- *Onde você passaria três semanas de férias se dinheiro não fosse o problema?*
- *Entre todas as pessoas que estão vivas, com quem você mais desejaria ter um jantar de três horas, e por quê?*[10]

Acredite! Suas respostas vão revelar que tipo de líder você é! Cada resposta apontará para uma característica sua.

Essas perguntas foram estrategicamente elaboradas para trabalhar áreas fundamentais da liderança. Uma revela como um acontecimento do passado traz impacto nas suas reações no futuro. Outra mostra que tipo de recompensa você gosta de receber quando é bem-sucedido em algo. Outra, ainda, detalha suas motivações e o tipo de pessoa que você quer se tornar etc.

Perguntei à turma — eram cerca de 200 alunos — com que pessoa que estivesse viva naquele momento eles gostariam de ter um jantar de três horas. As respostas foram as mais variadas, mas muitos citaram "meu pai", "minha amiga da faculdade", "meu líder espiritual" etc.

---

[10] HYBELS, Bill. Liderança corajosa. São Paulo: Vida, 2002. p. 88.

Tentei aguçar ainda mais a inteligência deles e os estimulei a pensar. Afirmei que com essas pessoas eles poderiam jantar a qualquer hora, mas o jantar ao qual me referia era uma oportunidade única. Seria a chance de jantar com alguém que, por meio de algumas respostas, poderia mudar o rumo da trajetória de cada um.

Mais do que aguçar, eu dei uma ajudinha a eles. Se no dia daquela aula eu pudesse escolher alguém com quem jantar por três horas, escolheria o Steve Jobs, que era vivo na época. Faria, entre outras, a seguinte pergunta: "Steve, como pode uma empresa ser tão influente a ponto de seus clientes fazerem filas quilométricas um dia antes dos lançamentos de produtos, e alguns chegarem a acampar em frente às lojas da Apple para serem os primeiros a comprar?". "Como pode, Steve, enquanto milhões de empresas pagam para as pessoas usarem sua marca como divulgação, os clientes da Apple usarem os adesivos da maçã em seus carros, janelas e equipamentos para 'tirar onda'?".

Formidável seria ter três horinhas com pessoas assim. Quantas perguntas eu teria para fazer!

No CID (Clube de Inteligência e Desenvolvimento), que acontece mensalmente em algumas capitais do Brasil, aplico esse exercício. Semanas depois, chegam os depoimentos em meu endereço eletrônico e redes sociais, contando como a vida de cada um melhorou depois desse *check-up* multifocal. Descobrir a sua liderança modifica seus hábitos, aperfeiçoa seu comportamento e, consequentemente, potencializa seus resultados.

Desenvolver sua liderança vai acelerar a conquista em seus empreendimentos!

Empreender tendo o *coaching* como metodologia

VISANDO o futuro

CONSTRUINDO soluções

PROVOCANDO resultados

VISAR O FUTURO é uma característica daqueles que sonham. Quem não sabe o que quer, jamais avista o futuro. Uma das coisas que amo no trabalho como consultor e palestrante é fazer as pessoas visualizarem o que está por vir. Fazê-las fechar os olhos e mentalizar o que está pela frente.

Sem uma clara percepção de futuro, nenhum empreendedor alcança metas. Objetivos ficam inalcançáveis caso a pessoa tenha dificuldade de sonhar e vislumbrar os próximos anos.

CONSTRUIR SOLUÇÕES é a parte obrigatória da caminhada. Certamente teremos contrariedades enquanto estivermos na estrada rumo ao lugar desejado. Conte com isso:

- Você será caluniado.
- Você será invejado (o invejoso não quer apenas o que você tem; ele quer ser você).
- Pessoas irão trabalhar arduamente para não ver você ser derrotado.
- Muitos projetos seus não serão aceitos.
- Você vai querer sucumbir ao desânimo e desistir muitas vezes.
- Os problemas nunca virão sozinhos; sempre virão em grupo.

 Um negócio que só dá lucro financeiro é um negócio pobre. A riqueza está na missão.

Tendo isso em mente, prepare-se para vencer cada obstáculo construindo soluções. A falta de planejamento e resistência fez muitos heróis caírem. Mas com você não será assim. Anote agora os pontos citados anteriormente que mais abalariam você e comece a criar soluções emocionais e existenciais (relativas a seu propósito de vida) para resistir a cada um deles.

Exercício:

Mentalize você sendo caluniado. Alguém do seu círculo de relacionamento inventando algo sobre você. (Lembre-se que somente os íntimos traem; os de fora só decepcionam.)

Agora treine sua mente para reagir de forma construtiva. Estatisticamente nunca adiantou revidar, devolver ofensas ou ficar retraído e sofrendo com as feridas. Quando for invejado, compreenda que nem todos desfrutam de saúde emocional. Quando trabalharem contra você, perdoe. As pessoas não são ensinadas nas escolas tradicionais a reconhecerem o trabalho do outro, mas, sim, a criticá-lo. Quando negarem seus projetos, não desanime. A História mostra que os vencedores perderam muito para ganhar. Quando os problemas vierem em bando, esteja certo de que sua família e seus amigos estão a postos para trazer equilíbrio.

PROVOCAR RESULTADOS é função daqueles que sabem quem são. Quando você tem o futuro visualizado e construiu soluções para não parar na estrada, é hora de provocar os resultados! Um empreendedor sem resultados é uma árvore sem frutos. Não serve para muita coisa. Para cada etapa exige-se um resultado.

Os resultados definem você

Há alguns anos, recebi um relatório informando que éramos uma das dez empresas de turismo no Brasil que mais levavam turistas à Terra Santa, Israel. Com esse resultado em mãos, foi questão de tempo para novas oportunidades surgirem, fornecedores abrirem portas, novos e nobres clientes se aproximarem e nossa marca se consolidar.

Por outro lado, você pode ter o melhor pneu para sua carruagem rumo ao lugar desejado, mas sem calibragem não terá força para chegar. "Calibrar" está conectado ao resultado final. Para ser claro, o melhor pneu do mundo, se vazio, não dará o resultado esperado, ainda que você esteja em uma Ferrari. Esteja certo de que todos os detalhes estão listados e verificados para os resultados chegarem com segurança.

Hábitos e costumes definem sua cultura

Para provocar resultados, você precisa ter hábitos e costumes que geram o fruto esperado. Não se planta melancia esperando colher abacate.

O que você faz no dia a dia, a forma com que reage a situações, suas manias, escolhas e repetições resultam no que chamamos de cultura. Ter uma cultura empreendedora é a maneira mais recompensadora de obter resultados. Mas para isso você precisa ter hábitos (diários) e costumes (permanentes) que produzam o esperado e coloquem você na estrada rumo ao lugar desejado.

Acredito que 65% dos jovens empreendedores arranjam boas desculpas para a falta de disciplina própria. Hábitos desordenados e costumes nocivos acabam traindo o futuro de paz, prosperidade e segurança que todos esperam.

No capítulo 1, quando falamos sobre o poder do conhecimento, reforcei o valor da informação. Com base nisso, conto agora uma experiência que vivenciei em Israel, em 2012.

De um país em que 55% do território é deserto e que a fonte de água potável é limitada, não se pode esperar muita produtividade. Mas, como sempre, o povo judeu surpreende.

Voltando da região da Galileia, subindo para Jerusalém víamos do lado direito e esquerdo inúmeras plantações de banana, abacate, manga, oliveiras, videiras, tamareiras etc. Não era possível entender como uma terra desértica dava tantos frutos. Não compreendíamos a razão de um território tão limitado pela natureza dar tantos resultados.

Então, nosso guia e professor, o arqueólogo israelense Eli Bar David, começou a destrinchar o segredo desse sucesso. Ele fez uma pergunta bombástica ao grupo de estudantes que estava conosco: "Qual a diferença entre o inferno e o paraíso?".

Todos ficaram cochichando. Alguns, atônitos, apenas refletindo. Eli, então, respondeu: "A água".

Você coloca gotas de água nesse inferno que é o deserto, e é questão de tempo para ele virar um paraíso.

Israel desenvolveu uma técnica de irrigação por gotejamento que faz a terra seca produzir, tanto que é hoje grande exportador de frutas, legumes e flores para a Europa e o Oriente Médio. A água sempre foi simbolismo de vida e conhecimento. Gotas de conhecimento transformam sua vida desértica em um paraíso frutífero.

Empreendendo em Israel

Depois da vitória que obtive, fechando meu primeiro contrato empresarial, aquele que contei no capítulo 1, a vida não ficou fácil. Contudo, seguiu me ensinando, por meio das contrariedades, como amadurecer. Cerca de um ano e meio depois dessa conquista, o banco faliu. Foi um desastre! Tivemos que recomeçar.

As contas não paravam de chegar, e os recursos se esgotaram em definitivo. Novamente, eu me via na situação degradante de não ter nem o dinheiro da passagem (lembrando que, nessa época, eu ainda não tinha educação financeira).

Certa manhã, meu primo Lucas, colaborador na Amar Turismo na época, me telefonou, dizendo que chegara o dia da famosa feira da ABAV, a Associação Brasileira dos Agentes de Viagens, no centro de convenções RioCentro, na Barra da Tijuca.

O problema era que a entrada da feira custava um pouco mais de 100 reais, e isso impossibilitava nossa ida. Eu via a oportunidade de estar no meio empresarial do turismo e, ao mesmo tempo, ficava triste, pois aparentemente nada dava certo comigo.

Sei que as pessoas nessa época não me viam assim e até achavam que eu estava bem. Pois a maioria de nossos fantasmas e medos é irreal, está em nossa mente, e somente nós vemos e sentimos. Todo aquele sentimento de derrota era sentido somente por mim.

Lucas então telefonou para mim, dizendo que conseguira os ingressos com um amigo de outra agência. Seria nossa chance? Fiquei radiante!

Só que deparamos com um segundo problema. Como chegar até o local da feira se não tínhamos recursos para a locomoção? Não desisti. Liguei para meu pai, perguntando se ele me emprestaria o carro dele. Ele disse que sim, porém estava sem gasolina.

"Nãooo!! Do que adianta?", gritei ao telefone.

Eu e meu primo juntamos o que tínhamos no bolso. Acredite, eram apenas 7 reais. Colocamos "tudo" de combustível e fomos a menos de 40 quilômetros por hora para não consumir muita gasolina. Chegamos antes das 10 horas da manhã no centro de convenções, quando recebemos a notícia de que a feira só começaria às 14 horas. Foi desânimo total. Não tínhamos como voltar por falta de combustível e, se ficássemos, teríamos que nos privar de almoçar.

Foi o que fizemos. Lembro que nunca murmuramos. Ríamos da nossa falta de "sorte". Lucas e eu ficamos por horas sentados na escada conversando sobre o futuro e planejando que um dia realizaríamos os projetos que tínhamos desenhado.

Às 14 horas, o portão se abriu e, para a nossa surpresa, cada estande tinha um lanche grátis. Nosso problema com alimentação estava resolvido.

Animados novamente, começamos a andar pelos corredores, pegando panfletos, conversando com pessoas do meio, entendendo sobre novos roteiros e conhecendo mais desse mercado que até então era muito limitado para nós.

Foi andando por um desses corredores que um homem falando um inglês torcido veio em minha direção e perguntou: "Você já conhece a terra de Jesus?".

Respondi que não. Na verdade, já tinha escutado falar de Israel, principalmente nos sermões da igreja que frequentava. Mas fazer turismo na Terra Santa era novidade.

Passei a tarde toda naquele estande e não quis saber de mais nada. Estava fascinado. Aquele homem, sem saber, estava mudando o rumo da minha vida.

Encerramos a conversa com uma proposta da parte dele. "Tiago, você quer ir a Israel conhecer os lugares por onde Jesus caminhou?" Eu sorri, desconfiado, mas respondi que sim.

Menos de uma semana depois, eu estava em um avião rumo à Terra Prometida, Israel, com tudo pago. A passagem aérea foi comprada pelo meu avô Waldemar — já falecido —, que me emprestou o dinheiro, acreditando no meu sucesso. Nem contarei como convenci vovô a me emprestar essa grana. Seria outro livro!

Foram seis dias que mudaram minha história. No último dia de viagem, aquele mesmo homem da feira se revelou o dono de um império naquela nação. Hotéis, frotas de ônibus, escritórios, lojas e toda a estrutura que você puder imaginar. Ele então me desafiou: "Com tudo o que foi visto, creio que você é capaz de trazer um grupo de brasileiros no próximo ano para conhecer esta terra". Eu repliquei: "Sim, darei tudo de mim para conseguir isso!".

Voltei para o Brasil e, em menos de três meses, já estávamos saindo com dois grupos. E, antes daquele ano virar, levamos mais um grupo — três no total. Eu não queria parar de produzir. Visitava formadores de opinião, líderes religiosos e de outros segmentos, apresentando Israel como um novo e enigmático destino histórico, turístico e espiritual.

Depois de 2007, minha vida nunca mais foi a mesma. Eu tinha apenas 26 anos e precisava convencer grandes líderes do Brasil a confiar pessoas e dinheiro em minha empresa para formarmos os grupos. A única coisa que eu tinha a meu favor era conhecimento.

Eu estudei sobre a Terra Santa de manhã, tarde e noite. Li centenas de livros, assisti a vídeos, fiz treinamentos *in loco*, uma pós-graduação em História de Israel e acabei escrevendo artigos e colunas jornalísticas sobre isso.

Começamos a levar cerca de cem grupos de brasileiros todos os anos para conhecer essa terra inesquecível.

Estávamos como empresa em Buenos Aires, na Argentina, Orlando, nos Estados Unidos, e representados em várias cidades do Brasil.

Em 2014 vendi essa empresa ao dar-me conta das turbulências que atingiriam o mercado. Alta do dólar, conflitos no Oriente Médio, aumento veloz dos concorrentes etc. Foram nove meses de muito conflito interior e sentimento de frustração. Parecia que estava perdendo um filho.

Mas foi nesse tempo que transformei meu conhecimento acadêmico em empírico. Foi aí que venci meus medos, percebi meus reais sonhos, lutei contra mim mesmo e venci. No mesmo ano de 2014, fundei o Instituto Destiny, e isso potencializou minha vida. Enxerguei a necessidade que as pessoas tinham em se desenvolver e sair da situação em que estavam, o que casava com o meu propósito de vida, que era o de melhorar a vida das pessoas por meio de treinamento e experiências.

Nada melhor do que recomeçar maduro, experiente e com senso de responsabilidade. Nada melhor do que fazer algo que transforma a sociedade e contribui com o país!

Acredite, falhar não quer dizer que tudo acabou. Quer dizer que chegou a hora de recomeçar com mais assertividade. O sonho de empreender algo significativo se juntou com a disciplina e o conhecimento. A partir daí, nada mais era impossível.

Dentre tantos motivos para ter alcançado o sucesso e superado as frustrações e perdas, gostaria de citar uma estatística publicada por uma famosa revista de negócios americana. A publicação dizia que 92% dos homens bem-sucedidos financeiramente eram casados.

Isso quer dizer que ter uma família traz equilíbrio e sanidade. Nos meus momentos de crise, de tristeza e desânimo, Jeanine se mostrou uma conselheira, ajudadora, incansável em me animar. Na verdade, creio firmemente que a figura da mulher faz deste mundo um lugar mais equilibrado. E, com o nascimento de nossos filhos, tive todos os motivos do mundo para nunca desistir.

Valorize sua família. O empreendedor precisa dessa base para poder avançar.

 Momentos de reflexão estimulam a criatividade.

"Insistimos em ficar dando opinião enquanto
o mundo se transforma com exemplos."

Capítulo 5

MARKETING PESSOAL E CORPORATIVO

Para chegar ao lugar desejado, ao patamar que você sonhou, são necessários uma estratégia, um diferencial e um foco.

O que resume os três itens anteriores é o *marketing*. Se falarmos de uma empresa ou instituição, o *marketing* corporativo é a ferramenta que impulsionará você a um destino próspero. Tratando-se de uma pessoa como você, o *marketing* pessoal é a chave para isso.

Conheci pessoas extremamente talentosas que não avançaram na vida particular, pública ou profissional por uma total falta de estratégia de *marketing*. Não falo de técnicas para fingir ser quem não é, mas, sim, de preparação e assessoria para comunicar corretamente quem você realmente é ou quer ser. Mostrar seu potencial de forma clara, de maneira que todos compreendam aonde você quer chegar, é a essência do seu *marketing*.

Quando vi o discurso de Barack Obama na convenção do Partido Democrata em 2004, nos Estados Unidos, fiquei impactado. Ele era praticamente um desconhecido aos olhos do mundo. Mas a roupa, a dicção, a forma com que movia as mãos, o olhar fixo e as palavras estratégicas que tocavam o coração do povo impressionaram não só os Estados Unidos, mas nações inteiras. Poucos anos depois, ele assumiria o cargo mais poderoso do mundo: o de presidente dos Estados Unidos da América.

Ter a consciência de que um detalhe faz a diferença pode garantir um voo seguro para o lugar desejado.

Marketing pessoal

Nesses anos de trabalho, foram muitos candidatos a emprego que eu e meu RH entrevistamos e dispensamos logo no primeiro momento dada a falta de apresentação pessoal, linguagem corporal ou imposição vocal.

Lembro-me bem de um caso. Em um dos processos de seleção que fizemos, tivemos uma candidata que era de meia-idade, mas se vestia como uma adolescente. Além disso, mascava chiclete, usava gírias e, a cada minuto, soltava um palavrão, embora a conversa não fosse nada informal. Era uma entrevista de emprego. E repare só: a vaga aberta era para gerente de vendas, e o nosso mercado é o de viagens à Terra Santa, ou seja, o turismo religioso. O salário oferecido para essa função era bom, mas aquela candidata não possuía o mínimo de *marketing* pessoal para preencher a vaga, embora o currículo dela fosse maravilhoso. Contudo, ficou claro que a apresentação pessoal, às vezes, fala mais do que um título. Uma pessoa que está destinada ao pódio da vitória vai se preparar para chegar lá.

A primeira impressão ainda é a que fica. Sendo assim, cuide para que o seu *marketing* seja excelente e impactante. Não falo só de roupas combinando ou arrumadas, cabelo cortado ou benfeito, unhas limpas e um belo sorriso. Mas também do aperto de mão seguro, do olhar cativante, da mente munida de conhecimento para entrar em conversas de bom nível e de uma voz ativa e constante. Um famoso escritor da área de desenvolvimento pessoal, o americano Napoleon Hill (1883-1970), chama isso de magnetismo pessoal!

A linguagem corporal também é muito analisada. A pessoa que senta de qualquer forma, que não concentra o olhar enquanto o interlocutor está falando, que estala dedos e rói unhas durante reuniões (e coisas do tipo!) transmite maus sinais do seu corpo para os presentes.

Em um mundo tão competitivo, você precisa se destacar. Reitero que detalhes fazem a diferença. Detalhes como a voz, a dicção, o português correto e a clareza nas explicações e frases. Coisas que parecem superficiais, mas que promovem você ao lugar desejado.

Marketing corporativo

Em 2011, minha equipe e eu resolvemos reestruturar a marca, o *slogan* e posicionamento de mercado da empresa. Foi um desafio! Estávamos em franco crescimento e, como CEO (*Chief Executive Office*) da companhia, resolvi inovar, o que era um risco, já que tudo estava dando certo como estava. Mas uma das funções de um diretor-executivo é avistar o futuro, olhar o que outros não estão olhando. É ter uma visão 360 graus. Eu vi o futuro e resolvi morar nele.

Contratamos profissionais qualificados e ficamos meses desenvolvendo a nova logomarca, novo *slogan*, *site*, material gráfico etc. Foram dias excitantes.

Depois de meses e meses de *brainstorm*[11] com minha equipe e com os profissionais contratados, nossa empresa deixou de ser uma simples agência de turismo para se tornar uma gestora de projetos que transmite conhecimento por meio de experiências, ainda que sejam viagens.

Com isso, nosso posicionamento no mercado saltou e saímos do patamar dos concorrentes. O *marketing* digital e o domínio das mídias sociais foram fundamentais para o processo, pois conseguimos disseminar para o Brasil com certa rapidez nossa identidade e filosofia. Consolidamos clientes antigos, ganhamos novos, além de ilustres admiradores e consumidores de nossos produtos.

Definitivamente, sou uma das pessoas que acredita no poder do *marketing*, e em minhas palestras e treinamentos

---

[11] Palavra em inglês que significa "tempestade de ideias".

Marketing pessoal e corporativo

invisto um tempo dividindo com o público a importância desse conhecimento em nossa vida.

Gostaria que você pensasse nas mudanças imediatas que precisa fazer em sua postura e apresentação pessoal. Liste a seguir suas três principais deficiências nesta área:[12]

1. _____

2. _____

3. _____

Agora, escreva as atitudes que você tomará para gerar essa transformação:

_____

_____

_____

Nunca mais desperdice uma oportunidade. Às vezes, saímos pela manhã para os afazeres do dia sem entender que é justamente nesse dia que vamos deparar com a grande chance. Medite pela manhã e saia de casa para brilhar, mesmo que, inicialmente, você esteja indo ao mercado comprar leite.

Fatos não deixam de existir só porque você não acredita neles. Mesmo que você não acredite ou não entenda o poder do *marketing*, ainda assim ele existe.

---

[12] Faça este exercício e o seguinte também visando a área corporativa.

O americano Philip Kloter, conhecido como o papa do *marketing*, cita em seu livro *Marketing 3.0*[13] que hoje em dia os clientes e consumidores, em geral, estão mais conscientes do que nunca. O que quer dizer que eles sabem o que querem e não é qualquer comercial de TV que os motivará a comprar ou investir em algo.

O *marketing* desta década está voltado não mais ao produto, e sim ao consumidor. As pessoas, enfim, estão se tornando mais importantes do que as coisas. Pelo menos no ponto de vista promocional. Então, seja qual for seu planejamento para divulgar um produto, um evento, uma empresa, um projeto ou até mesmo você, concentre-se no consumidor.

Valorize a pessoa que vai adquirir o que você está apresentando. Quando fundamos o Instituto Destiny, tínhamos a intenção de servir a pessoas, empresas e instituições na área de *business*, *marketing* e *coaching*. Mesmo tendo excelentes consultores empresariais, financeiros e *coaches* especializados, a área de *marketing* sempre foi a mais procurada. Todos querem promover algo, vender mais, consolidar uma marca, gerar mais recursos.

Os modelos mentais são os filtros que nos fazem enxergar o mundo. Quero dizer que se alguém é religioso, por exemplo, antes que uma informação chegue à sua mente e seja processada em seu cérebro, ela passa

---

[13] KLOTER, Philip. **Marketing 3.0:** as forças que estão definindo o novo *marketing* centrado no ser humano. Rio de Janeiro: Elsevier, 2010.

por um filtro, nesse caso o da religião, e a pessoa entende a informação conforme seus padrões e parâmetros, da forma que ela vê o mundo.

Por isso, seu *marketing* pessoal ou corporativo, nos dias de hoje, deve estar totalmente voltado à mentalidade do público-alvo!

Invista em uma consultoria de *marketing* e se prepare para os resultados. Se você ainda não pode se dar ao luxo de ter uma consultoria, faça cursos gratuitos na internet, baixe vídeos sobre o tema. "Corra atrás" para que seu conhecimento nessa área faça a diferença.

Vamos seguindo juntos rumo ao lugar desejado!

 Somos seres humanos em construção.

"Risco não se evita; administra-se.
Já nascemos, já estamos em risco."

Capítulo 6
O DOM DE SERVIR

Um grande líder usa o poder para servir.

Como falado no capítulo *Coaching* multifocal, servir às pessoas preenche um vazio existencial como poucas coisas na vida fazem. E digo mais: mostra para todos os que convivem com você a sua grandeza.

Se você realmente quer conhecer alguém, entreviste primeiro a família dele, amigos próximos e colegas de trabalho. Essas são as pessoas que veem quem ele é verdadeiramente. Se esse alguém é amado e respeitado pelos próximos, tenha certeza de que ele é um líder servidor.

Está claro na sociedade atual que maior é aquele que tem mais dinheiro, poder, que é chefe, que manda nos funcionários e exerce autoridade opressora. Mas esse tipo de pessoa se perde em altivez e jamais encontra a estrada rumo ao lugar desejado. Torna-se insaciável e sempre quer mais. Essa falta de saciedade gera transtornos psíquicos e existenciais, às vezes irreparáveis. Já o servir gera recompensas inesperadas.

Jesus, que para mim é o exemplo mais perfeito de líder e ser humano, disse certa vez: "Se alguém quiser ser o primeiro, será o último, e servo de todos" (Marcos 9.35). Servir promove você.

Quem não lidera a si mesmo, não pode liderar uma família; e quem não lidera bem sua família, não está apto para liderar em esfera nenhuma. Quem não governa a si mesmo, não pode governar mais nada.

Faça mais do que a sua obrigação!

Davi, que viria a ser rei de Israel, era apenas um pastor de ovelhas quando seu pai pediu que ele levasse pão e queijo aos irmãos que estavam na linha de batalha contra os filisteus, um povo inimigo. O jovem pastor, então, pegou a bolsa com os mantimentos, o estilingue que o protegeria contra ataques de animais no caminho e foi em direção às trincheiras.

Chegando lá, percebeu que um gigante do exército filisteu estava ameaçando e afrontando o exército de Israel. E houve, então, uma espécie de acordo para decidir aquele confronto. A proposta aceita pelos dois lados era que cada nação enviasse seu melhor guerreiro para uma luta. Quem vencesse, ganharia a guerra para sua nação. Assim, muitas vidas seriam poupadas.

Davi, que era apenas um adolescente franzino, perguntou aos soldados israelitas:

— O que darão ao homem que matar este gigante?

E um deles respondeu:

— A mão da filha do rei em casamento, bens e riquezas e isenção de impostos para toda a família — disse um dos soldados.

Davi se animou, pediu permissão ao rei Saul e partiu para a luta. Mas quem o mandou fazer isso? O pai dele tinha dado outra missão para ele. O rei não havia pedido nada ao pequeno Davi, muito menos Deus.

A história é bem conhecida. Davi derrubou o gigante, usando o estilingue que levara. Uma pedra certeira na testa derrubou o inimigo que ainda teve a cabeça cortada pelo corajoso jovem. Daquele dia em diante, Davi nunca mais saiu de evidência em Israel. Esse ato o promoveu em toda a nação, encheu-o de bens e mudou o destino de suas gerações.

Fazer mais do que é pedido é o segredo de uma promoção, seja ela em qualquer área.

Em Lucas 17.9,10, o próprio Jesus cita este segredo:

> "Será que ele agradecerá ao servo por ter feito o que lhe foi ordenado? Assim também vocês, quando tiverem feito tudo o que for ordenado, devem dizer: 'Somos servos inúteis; apenas cumprimos o nosso dever'".

Está ficando cada vez mais difícil. Agora não basta apenas servir para ser o maior, mas também fazer mais do que foi pedido para não ser inútil.

A história de Davi e Golias e as palavras de Jesus nessa passagem revelam a nobreza do servir e quanto isso pode mudar sua vida e sua descendência. Transformar o dia, o trabalho, a vida de uma pessoa por meio do serviço o nivela com os nobres, transpassa o entendimento egoísta de alguns.

Já tivemos funcionários que só cumpriam o horário que eram pagos para trabalhar, mas queriam ser promovidos. Também já vimos pessoas que queriam melhorar de vida apenas cumprindo com suas obrigações. Somente quem serve fazendo mais do que o esperado se destaca entre a multidão.

Desenvolva, por mais que custe, a habilidade de servir. No final das contas, as pessoas lembrarão de você não pelo dinheiro ou poder que teve, mas, sim, pelo quanto você serviu, amou e contribuiu com a humanidade.

Como cidadão, sirva à sua cidade. Como religioso, sirva à sua instituição. Como ser humano, sirva a Deus. Como pai ou mãe, sirva à sua família. Como político, sirva à comunidade. Como líder, sirva a todos.

Eu disse anteriormente que considero Jesus o maior exemplo de líder e ser humano por causa de seus ensinamentos e afirmações. Eis uma delas: "como o Filho do homem, que não veio para ser servido, mas para servir" (Mateus 20.28). Esse é o modelo; essa é a meta. Tão grande, mas se tornando pequeno, para fazer que os pequenos se tornem grandes.

Tenho uma teoria de que o serviço e a sua *network* (rede de relacionamentos e contatos) levam você para onde o dinheiro não pode levar. Falei sobre isso em outro capítulo.

No prédio onde está a sede da empresa, temos direito a certa quantidade de vagas no estacionamento. Porém, toda vez que eu chegava para estacionar, era uma confusão. Um guardador de carros da rua, o famoso "flanelinha", estacionava veículos de quem não trabalhava no prédio lá dentro. E, assim, ele nos privava do direito de estacionar. Diariamente, debatíamos sobre isso, e o nível de estresse aumentava a cada manhã. Aquela situação estava ficando insustentável.

Certo dia, eu saía da empresa direto para um casamento. Eu vestia terno e gravata, e minha mulher, um vestido longo. Tínhamos passado no escritório para assinar uns documentos e, de lá, iríamos para a cerimônia. Quando tentamos sair, percebemos que chovia torrencialmente. Tentei chegar até o carro e percebi que o pneu estava furado. Fiquei preocupado, pois já estávamos atrasados. Além disso, eu me sujaria todo e ficaria molhado para cumprir a missão de trocar o pneu. E, no fundo, nem mesmo sabia se conseguiria fazê-lo.

No meio daquele monte de sensações, surgiu aquele flanelinha. Ele se aproximou de mim e disse: "Fala, chefe! Deixa comigo que eu ajudo".

Ainda que um pouco contrariado, permiti. Até porque aquele, definitivamente, não era momento para ostentar orgulho, já que a necessidade era grande.

O flanelinha, com um sorriso no rosto, trocou o pneu em poucos minutos. Satisfeito com o serviço e, tenho de admitir, com o socorro, fui até ele agradecer e dar uma boa gorjeta. Quando o homem viu o dinheiro, foi logo dizendo: "Meu chefe, guarde seu dinheiro. Como eu disse, vim ajudar. Se eu aceitar o dinheiro, estaria prestando um serviço. E eu só gostaria de ajudar".

Nossa! Como muitos dizem por aí, foi um "tapa na cara". Aprendi muito com o episódio. Depois daquele dia, eu e ele convivemos bem. O líder é aquele que serve!

Nos campos de colheita, as máquinas podem cuidar de tudo. Em um jardim, somente o jardineiro pode dar beleza às flores. Servir não é ser a máquina, mas o jardineiro.

O complexo é que as máquinas no campo economizam serviço humano e potencializam os lucros. Já o jardineiro no jardim trabalha muito mais e, dificilmente, gera lucro semelhante ao das colheitas dos campos. Mas a metáfora é esclarecedora. Para servir com excelência, teremos muito mais trabalho e nem sempre poderemos aguardar retorno.

Estamos em um ciclo vicioso de sermos servidos, queremos que tudo venha a nós e, às vezes, confundimos atividade com progresso. O real progresso não está no excesso de atividades e de pessoas à nossa volta: está em conquistarmos dia a dia nossos objetivos servindo àqueles que estão em nosso caminho.

Servir é uma fonte inesgotável. Quanto mais ajudamos às pessoas, mais portas se abrem.

"Devemos ser agradecidos às pessoas que
nos ajudaram a encontrar o caminho."

Capítulo 7

OS CINCO CONSELHOS DA NOBREZA

A nobreza é notável. Os nobres são preparados desde pequenos para prosperar, governar e projetar coisas nobres. Assim como a atual realeza de nações como a Inglaterra são referência para o mundo, há mais de 3 mil anos a dinastia de Davi, rei de Israel, era o modelo.

Darei destaque a um dos filhos dele, Salomão, que a História qualifica como o homem mais rico e sábio que já passou pela terra. Esse sábio rei possuía características muito interessantes. Dedicou-se a estudar e observar o mundo e filosofou mui profundamente sobre assuntos que iremos discutir nas próximas linhas.

Para mim, o mais importante é que os textos aqui citados foram retirados da Bíblia, que, independentemente de sua crença ou religião, é o livro mais antigo, mais vendido e mais respeitado do mundo. Segundo a fé cristã, as palavras dela foram inspiradas por Deus.

Compartilharei agora cinco ferramentas poderosas que encontramos no famoso livro de Provérbios, escrito por Salomão, e que usei como base da minha trajetória na vida.

1. Deixar as coisas ilícitas

"Quem camufla suas faltas jamais alcançará o sucesso, mas quem as reconhece, confessa e abandona, recebe toda a compaixão de Deus!"
– Provérbios 28.13 (*Bíblia King James Atualizada*)

Não tem jeito. Tudo que está escondido, um dia será revelado. Os escândalos no Congresso Nacional, na polícia, no Judiciário, nas empresas que sonegam impostos, nas famílias, escolas e instituições religiosas são a prova disso. Nada fica oculto.

Mas o que interpreto nesse conselho de Salomão é que não temos chances de receber a verdadeira prosperidade e obter o verdadeiro sucesso enquanto tivermos coisas camufladas em nossa vida, em nossos negócios e em nossos relacionamentos. O antídoto para esse vírus é **reconhecer, confessar** e **abandonar**.

Faça isso mentalmente. Pense em pelo menos duas coisas que você, por algum motivo, escondeu e que, na verdade, o estão impedindo de prosperar.

Como vou tratar algo que não identifico? Como irei confessar o que não reconheço? Como vou abandonar se acho que não tem nada demais?

O que você precisa deixar para trás hoje?

Não podemos continuar rumo ao lugar desejado sem destruir esse obstáculo primeiro. Precisamos estar certos de que nada será empecilho para o sucesso.

Quando fiz a minha lista anos atrás, tive de escrever e confessar coisas que me constrangiam. Verdadeiramente é difícil trazer à luz o que está no escuro. Chega a doer.

Mas não há outra forma de tratar essa questão. Depois que zerei as pendências da lista, nunca mais parei de crescer como pessoa.

O rei de Israel era um visionário. Ele queria deixar para as próximas gerações essa instrução infalível. Quem desvia dinheiro público, que confesse e abandone a prática; quem sonega impostos, faça o mesmo. Quem vive de mentiras, reconheça e só fale a verdade; quem engana a esposa ou seus amigos, que deixe de fazê-lo. Somente vivendo uma vida de renúncia, alcançaremos o sucesso completo, e isso sempre será por meio da misericórdia e da compaixão de quem é maior do que todos nós.

A inteligência existencial faz parte de todo ser humano. Ela está sempre pobre e necessitada, sempre há um vazio a ser preenchido. Por isso, busque a sabedoria que nutre o seu vazio existencial. Esse conhecimento está à disposição dos homens, porém não vem daqui.

2. Bom nome

"A boa reputação vale mais que grandes riquezas; desfrutar de boa estima vale mais que prata e ouro."
– Provérbios 22.1

Uma vez um amigo me perguntou: "Tiago, você não tem medo de um dia falir, tendo em vista que seu principal negócio é levar grupos para Israel, uma terra que pode entrar em guerra a qualquer momento?". E eu respondi: "Amigo, não tenho temor algum, pois, se as fronteiras em Israel fecharem e eu não puder mais trabalhar, levando meus grupos turísticos e de estudo, vou vender paçoca para minha carteira de clientes e posso prosperar novamente. Quando se tem um bom nome, o que menos importa é o produto que você está vendendo".

Acredito com todas as minhas forças que o nosso nome é um patrimônio. Somos julgados, aplaudidos, questionados ou honrados pelo nome que construímos.

Conheço empresários que fecharam alguns negócios sem ter dinheiro no momento do acordo, mas o nome deles era suficiente para dar segurança aos envolvidos.

O bom nome é uma moeda valiosa.

Portas são fechadas quando um nome é mal falado. Oportunidades escorrem pelas mãos quando seu nome está manchado por algo do passado ou presente. Valorize seu nome. Recupere-o, caso ele esteja perdido. Sempre há esperança enquanto há vida.

Construa mais do que uma boa reputação, desenvolva a integridade. Todos só lembram de como uma pessoa terminou.

Como termina é sempre mais importante do que como começa. Essa é a imagem que vai se perpetuar. Então comece hoje a construir um fim glorioso.

Reputação *versus* integridade

José, filho de Jacó, o homem que deu nome à nação dos judeus, Israel, foi vendido ao Egito como escravo por seus irmãos invejosos. Passou por tudo que um escravo passa. Abusos, fome, sede, cansaço extremo, raiva da vida etc.

Porém, com o passar do tempo, ele conseguiu um trabalho na casa de Potifar, um respeitado político da época. Esse poderoso homem viu que José tinha potencial, nobreza, educação, capacidade de produzir e, acima de tudo, afinidade com uma força sobrenatural. Entretanto, a esposa desse nobre senhor começou a desejar aquele jovem serviçal.

Certa vez, José entrou em casa e deparou estar sozinho com a esposa de Potifar. A mulher, então, tentou agarrá-lo. Em fração de segundo, José precisou decidir se manteria sua integridade ou se deitaria com ela. José preferiu a minha opção: saiu correndo e deixou a mulher para trás.

Rejeitada, ela espalhou aos quatro cantos que o jovem tentara seduzi-la. Quem conhece a história, sabe que José sofreu muito por conta disso, mas deu a volta por cima. O interessante é que ele preferiu continuar sendo íntegro.

 Reputação é o que os outros pensam de você; integridade é o que você é e faz quando ninguém está olhando.

3. Ser bom no que faz

"Você já observou um homem habilidoso em seu trabalho?
Será promovido ao serviço real;
não trabalhará para gente obscura."
– Provérbios 22.29

Essa é uma chave poderosíssima. Faça uso dela sem moderação. Ser bom especialista no que você faz o promove rapidamente para estar entre os de grande posição. O mundo carece de mão de obra qualificada, empresas especializadas, pessoas peritas.

Certa vez, eu e minha esposa fomos procurar um apartamento para comprar. Chegamos ao estande de vendas e logo uma jovem veio nos atender. Pareceu-me enrolada, descabelada e afoita, mas nos cumprimentou e perguntou o que procurávamos.

Não perdi tempo e fui direto ao assunto, informei as características e tamanho do apartamento que queríamos e expliquei: "Vamos ter filhos e queremos aumentar nosso espaço sem perder o aconchego. Mas tenho apenas uma hora disponível para ver as opções. Hoje ainda tenho uma série de reuniões com fornecedores. Você poderia nos atender rapidamente?", perguntei.

Ela disse que sim, foi até o interior do estande, demorou uns dez minutos e voltou com algumas chaves na mão. Entrou em nosso carro e foi nos indicando o caminho.

No trajeto, comecei a estranhar a demora para chegar ao empreendimento. A vendedora sorria, meio que sem graça. Cerca de uns 25 minutos depois, chegamos ao local onde o prédio era erguido. Descemos do carro e, para nossa surpresa, ela descobriu que pegara as chaves erradas. Eu fiquei impaciente. Já tinha avisado à vendedora sobre a importância do tempo.

E logo me veio à cabeça uma frase dita por um professor americano de economia que conheci: "Tempo é dinheiro para quem tem dinheiro. Para quem não tem dinheiro, tempo é apenas tempo".

Ela sugeriu que voltássemos ao estande para pegar as chaves corretas. Mas eu e minha mulher não topamos. Fomos ver outro apartamento, que ficava a uns 40 minutos de onde estávamos. Tudo isso por conta de um erro de planejamento da corretora. Se tivéssemos ido primeiro ao mais distante, teríamos tido tempo para visitar os próximos ao estande antes de anoitecer.

Enfim, duas horas e meia se passaram quando entrei no primeiro imóvel do dia. Já estava escurecendo e não conseguíamos ver nada. Ela, então, ligou a lanterna do celular e tentou mostrar o apartamento com a luz do seu telefone. Eu sorri... para não chorar! Fomos embora, decepcionados.

No outro dia, procurei outra central de vendas. Lá, fomos recebidos por um senhor de terno que prontamente nos atendeu. Expliquei que meu tempo era curto e perguntei se ele podia nos mostrar imóveis que atendessem a nosso projeto. O vendedor, em dois minutos, colocou-nos no carro dele e nos levou a um apartamento a sete minutos de onde estávamos.

Primeiro, nos levou à área comum, mostrou as vantagens do condomínio, a segurança da recepção e os benefícios de criar filhos naquele ambiente com mais de 100 opções de entretenimento. Depois, subimos para ver o apartamento.

Ao entrarmos, ele já foi detalhando a qualidade do piso, o investimento da construtora no acabamento dos banheiros, a facilidade de fazer uma obra remanejando um dos quartos para ampliar a sala e ainda oferecendo as vantagens do financiamento com a construtora.

Em determinado momento, minha esposa ficou parada olhando para uma das portas. É que a porta impedia que o quarto das crianças ficasse do modo que ela havia planejado. Atento, o corretor, como se tivesse lido a mente dela, foi logo dizendo: "Se a senhora quiser, eu substituo ou retiro a porta por nosso custo". Minha mulher adorou. Enfim, compramos!

Quem é perito no que faz, não volta para casa sem boas notícias. Quem é especialista no que empreende, prospera mais do que os outros.

Incentivo você a ser o melhor em tudo que você empreende. Certa vez, fui palestrar em uma comunidade carente do Rio de Janeiro e, quando comecei a falar sobre a importância de ser especialista, um jovem se levantou e questionou: "Como seremos bons se não temos nenhum recurso ou preparo para um dia chegar lá?".

De pronto, respondi: "Você sabe misturar leite condensado com chocolate em pó?". Ele riu, como quem diz: "Claro que sei".

Então contei a história das duas meninas do interior de São Paulo que faziam brigadeiro tão bem, com tanta perícia, que foram para Nova York produzir esse doce e suas variações. Três anos depois, a loja delas, uma *delicatessen* de produtos finos, era uma das mais frequentadas de Manhattan.

Você pode misturar leite condensado com chocolate em pó e terá algo doce e gostoso. Mas, se você fizer isso com perícia, poderá se destacar entre milhões de pessoas.

4. Conselhos

"Os planos fracassam por falta de conselho,
mas são bem-sucedidos quando há muitos conselheiros."
– Provérbios 15.22

Precioso leitor, como pode uma pessoa casar, escolher uma faculdade, abrir um negócio, investir em algo sem antes se aconselhar?

O casamento, teoricamente, é para a vida toda. Mas pessoas tomam essa decisão sem conselhos, sem aprender com a experiência de outros. Muitos acabam fracassando.

Outros abrem empresas e investem nelas sem consultar ninguém do ramo, sem conversar com os pais, os líderes espirituais ou quem é referência para eles.

Ter um grupo de conselheiros é um dos maiores segredos para uma vida rumo ao lugar desejado. Confesso que não dou um passo sem consultar meus pais, meus líderes espirituais, meus amigos chegados, minha equipe e colegas especialistas na área na qual preciso de conselho.

É importante ressaltar que, não havendo conselhos, os planos fracassam. Por quê? Porque o homem mais sábio que já existiu estudou a vida, o ser humano e tudo que acontece debaixo do sol e a conclusão a que chegou é que "os conselhos são importantes para quem quiser fazer planos". O trecho está em Provérbios 20.18.

Em Provérbios 24.6, ele afirma que "quem sai à guerra precisa de orientação, e com muitos conselheiros se obtém a vitória". Nós estamos em guerra. Todo dia a batalha é diferente. Às vezes, é na saúde, na criação dos filhos, na vida conjugal, nas finanças, nas emoções, e por aí vai... Mas com orientação estratégica e muitos conselhos conquistamos a vitória!

Não desista dos seus sonhos. Prossiga! Porém, não dê um passo sem conselhos.

5. Amar a repreensão

> "Quem despreza a disciplina cai na pobreza e na vergonha,
> mas quem acolhe a repreensão recebe tratamento honroso."
> – Provérbios 13.18

O ser humano, em geral, odeia ser contrariado. Resistimos quando alguém nos corrige, pois somos avessos à repreensão. A humanidade poderia ter progredido muito mais ao longo dos últimos séculos se, como indivíduos, fôssemos sensíveis à repreensão.

Se entendermos a bênção que é ser corrigido, poderemos reduzir nossa margem de erros e aumentar nossas chances de sucesso. Sofrendo muito, aprendi o valor da repreensão. Hoje, com toda a humildade, posso dizer que amo ser corrigido. Tenho prazer quando um de meus mentores me chama para um café e, sinceramente, diz tudo o que ainda está errado em mim.

Sinto-me privilegiado quando meu pai — mesmo eu já tendo saído de casa há mais de dez anos para me casar com Jeanine — telefona para me chamar a atenção por alguma coisa que falei. Sou um felizardo! Aprendi a crescer com a dor da correção, com a vergonha da repreensão.

Quem despreza isso, cai no escândalo e na pobreza. Quão fortes são essas palavras de Salomão, pois representam duas coisas que ninguém quer experimentar.

Na maioria das vezes, resistimos quando somos contrariados, pois as pessoas que nos confrontam o fazem sem sabedoria. Geralmente gritando, acusando ou até oprimindo. Mesmo assim, blinde suas emoções e retenha o que é bom nessas observações. Ainda que, às vezes, exageradas.

 Você não muda pelo que escuta. Você muda pelo que acredita!

"O que realmente é caro na vida
não se compra com dinheiro."

Capítulo 8

A ESTRADA RUMO AO LUGAR DESEJADO

Querido leitor, estamos chegando ao final desta estrada rumo ao lugar que sempre sonhamos. Você está prestes a alcançar um novo estágio da sua vida, uma nova fase. Onde as coisas começam a acontecer, e os projetos começam a andar. É bem provável que, com a prática dos tópicos deste livro, em pouco tempo suas vitórias sejam vistas por todos e, principalmente, comemoradas por você.

Há uns poucos anos, eu jamais imaginaria que seria possível atravessar essa estrada com curvas tão acentuadas que é a vida, quanto mais chegar ao lugar que nos completa e realiza. Mesmo estando nessa busca ainda, sinto-me mais preparado. Estou confiante. Já avancei mais que ontem. Amanhã estarei ainda mais longe. Com você também será assim!

Todos nós atravessaremos a estrada (muitas vezes esburacada e mal sinalizada) no casamento, nos negócios, na vida sentimental, nas finanças, na família. Infelizmente, nem todos estarão treinados para enfrentar esse caminho e seus desafios. Minha missão continuará sendo informar e transmitir conhecimento às pessoas que estiverem por perto, tentando melhorar a vida de quantos eu puder. Conheço bem o valor do saber e acredito que isso pode salvar uma nação. O conhecimento vale mais que o ouro!

Você pode se considerar uma pessoa de sorte, pois, dentre bilhões de habitantes deste planeta, esse "mapa de navegação" está justamente em suas mãos. Ele servirá para preparar você para essa jornada. Vai dar o norte e mostrará os sinais que garantem uma viagem segura e sem perdas.

Como o sucesso não permite atalhos, seu trabalho como líder (de si mesmo e de outros), a partir de hoje, é ser uma bússola, e como empreendedor (de negócios ou da vida), um canivete suíço. Habilidade será a palavra--chave para essa nova etapa. Ferramentas corretas serão o trunfo dessa conquista.

A habilidade mais as ferramentas corretas são iguais a serviço bem executado.

Você aprendeu nas páginas deste livro um pouco mais sobre educação financeira, empreendedorismo, *marketing* e outros assuntos que agregam um valor inestimável para sua corrida ao pódio. Pratique os exercícios, cumpra os princípios.

Desenvolva as habilidades que o farão aguentar firme nessa viagem, pois, como falei anteriormente, pegar um atalho não é opção. Esteja preparado para os conflitos diários, quer os reais quer os mentais.

Quantas vezes, nas dezenas de caravanas que liderei pessoalmente na Terra Santa, conflitos irremediáveis surgiram. Somente desenvolvendo e aplicando os conselhos que coloquei neste livro, pude superar tamanha pressão.

Lembre-se que onde há um espantalho, há um campo precioso. O medo sempre estará ali, funcionando como um "espanta sonhos" à frente do jardim florido. Por isso, é importante que você não seja servo das culpas do passado nem escravo das preocupações do amanhã.

 A depressão é excesso de passado; a ansiedade, excesso de futuro.

Agora você foi equipado com a excelência emocional. Por isso, aceite o limite das pessoas, ame muito e exija pouco. Prepare-se para realmente ser feliz e completo.

Entenda que admitir um erro pode ser seu maior acerto. Normalmente, o poder da reconciliação estará em suas mãos. Perdoar e pedir perdão são as escolhas de quem já cresceu por dentro.

> Se vocês amarem aqueles que os amam, que recompensa vocês receberão?
>
> – Jesus de Nazaré

A maneira com que você enfrentará a partir de hoje as rejeições, perdas, conflitos e críticas gerará maturidade ou angústia, segurança ou traumas, um líder ou mais uma vítima.

Na verdade, você pode não ser culpado por nada, mas será responsável por tudo.

Treine seu olhar para fazer, do pouco, muito. Precisamos aprender a desfrutar do caminho, ainda que tortuoso, não só do destino final. Afinal, a vida é uma só.

Mesmo que a estrada seja longa, não desanime. A paciência é uma virtude de quem sabe o que quer.

Aliás, já descobriu quem é você e para onde está indo?

Se sim, invista em seu presente e mude o seu destino! O que foi motivo de vergonha no passado pode virar um código de honra no futuro. Assim aconteceu com os grandes líderes mundiais. Assim pode ser com você.

Seja sempre um vendedor de sonhos, construtor de amigos, promotor da qualidade de vida e, acima de tudo, um pacificador.

Enfrente a contrariedade e mantenha a integridade. Pois só é digno do poder quem não negocia seus valores para alcançá-lo. Use as dificuldades como alicerce da sabedoria.

> A mente não possui a tecla *"delete"*; por isso, escrever sua história corretamente é essencial para sua liberdade física, emocional e espiritual.

Diminuindo a margem de erros

Um importante ponto nessa etapa final é avaliar sua margem de erros. No decorrer dessa estrada, rumo ao lugar desejado, quais foram os seus erros mais frequentes? (Escreva ou apenas mentalize.)

_____
_____

Quais foram as áreas reincidentes?

( ) Financeira   ( ) Emocional

( ) Familiar   ( ) Física

( ) Espiritual   ( ) Sentimental   ( ) Profissional

( ) Nenhuma das respostas anteriores. No meu caso, a área reincidente foi:

_____
_____

Lembre-se que erro só se comete uma vez. A segunda vez já é uma escolha.

Gostaria de reforçar que somente diminuindo a margem de erros teremos chances de sucesso nessa empreitada. Quantas vezes você quase alcançou seu objetivo, porém acabou cometendo o mesmo erro de sempre e perdeu a oportunidade da conquista?

Posso citar várias pessoas que começaram uma nova dieta e levaram a sério por duas semanas. No entanto, ao perceberem os primeiros resultados positivos, inexplicavelmente começaram a ir a rodízios e ir a outros locais de comilança, que não frequentavam antes da dieta.

Mas se os resultados eram positivos, não seria mais lógico continuar a dieta?

E os "nervosinhos", que às vezes, muito próximos da vitória, entregam tudo por uma resposta malcriada ao serem contrariados? Quantos empreendedores vivem seus altos e baixos, ficando muito mais no baixo, pois sempre cometem os mesmos erros de planejamento ou controle financeiro?

Quantos artistas de TV você já viu perderem papéis em novelas ou filmes por um erro grotesco na vida pessoal ou profissional?

Nesta nova fase de sua vida, não há margem para erros.

Amo ver as mulheres ocupando posições de destaque. Quantas guerras seriam evitadas se elas estivessem no comando das nações envolvidas? Certamente elas nunca enviariam seus filhos para o campo de batalha.

Nossas cidades não estariam tão sujas, porque elas sabem cuidar muito bem de um ambiente. Elas se relacionam melhor, são mais sensíveis e possuem o chamado "sexto sentido" que faz toda a diferença. Na minha opinião, elas erram menos que nós, os homens.

Quando minha esposa me alertava: "Tiago, cuidado com esse rapaz, eu não gosto dele", a princípio eu rebatia: "O que é isso amor? Um rapaz tão legal, está me ajudando... e prosseguia com meu discurso". Mas depois de ela acertar inúmeras vezes em suas análises e eu me decepcionar bastante com as pessoas, passei a ouvi-la muito mais. Mulheres!

Precisamos identificar as áreas de nossa vida em que temos errado ou nos sabotado. Depois disso, podemos planejar a remoção do erro encontrado.

Antivírus

Já reparou que quem trabalha com o sistema operacional Windows em seu computador está sujeito a muitos vírus? Basta abrir um e-mail ou um vídeo e... *bum*! Lá está ele, instalando-se em seu *PC*. Eles danificam todo o sistema, enviam imagens desagradáveis, deixam nossa máquina tão lenta que pensamos em jogar tudo no lixo.

Vírus são combatidos com precaução quanto ao que se abre e vê. Já o antivírus é a arma para reduzir as chances de esse mal entrar. Em certos casos, somente formatando o computador você poderá usá-lo novamente. Mas, infelizmente, todos os dados são perdidos, com exceção do dono precavido que faz um *backup* diário ou semanal.

Crie o seu antivírus. O sistema de proteção que não deixará que erros se instalem em sua memória. Não espere chegar ao ponto de ser formatado e ter de começar tudo do zero.

Mas existem também sistemas como o OS X da Apple que são incomparavelmente mais seguros. Há grande dificuldade para os vírus conseguirem subsistir nessas máquinas. Nosso objetivo deve ser blindar nosso sistema operacional a ponto de nos transformarmos em um sistema impenetrável, superior a qualquer outro.

Os melhores profissionais só trabalham com os computadores que não dão problemas. Entendeu?

Seguindo a linha de raciocínio dessa metáfora, não permita que os vírus invadam seu HD.

Ambição *versus* ganância

Há alguns meses, eu estava no interior de São Paulo, desfrutando de um precioso tempo de mentoreamento com um grande pensador e educador de nosso país.

Para minha surpresa, enquanto tomávamos um café, ele sugeriu que eu deveria ser mais ambicioso. Foi um choque! Sempre vi a ambição como algo ruim, um sentimento que faz as pessoas passarem por cima das outras.

Ao ver o repúdio expressado em minha linguagem corporal, ele sorriu suavemente, mas prosseguiu, afirmando: "A ambição só é saudável quando o propósito é contribuir com a humanidade".

Nesse dia entendi que podemos ter ambições na vida, se o objetivo principal é a coletividade, não o individualismo.

Já a ganância, sim, é um dos grandes males deste mundo. Todos querem ter mais. Muitos atropelam os princípios, a ética, os valores e as pessoas para alcançar o que querem. Ser ganancioso nunca fez uma pessoa prosperar. Tendo em vista que a prosperidade não está ligada somente ao dinheiro, precisamos dos sentimentos mais nobres da terra para alcançá-la.

A palavra "ganância" deve estar fora de nosso dicionário. Já a ambição, com a motivação correta, deve ser estimulada. Não cometa o erro de desejar o que é dos outros! Cada um foi criado para algo específico e tem uma missão específica. Sendo assim, ninguém está no lugar de ninguém.

Sinto que, cada vez mais, você está indo rumo ao lugar desejado!

> Nós não podemos acrescentar dias à nossa vida, mas podemos acrescentar vida aos nossos dias.

Ninguém sabe o quanto vai viver. Ninguém marca o dia em que fechará os olhos para esse espetáculo aqui na terra. Afinal, a vida é apenas uma gota no oceano da eternidade. Breve e passageira.

Assim, aprenda a desfrutar cada etapa da vida. Tem gente que acha que só será feliz quando conseguir tal emprego, tal promoção, quando comprar o carro do ano, quando tiver a casa dos sonhos. Caro leitor, a felicidade não está em coisas; ela está dentro de você, nos pensamentos que você constrói. Sua forma de ver o mundo é o que determina a sua plenitude.

Quem não desfruta do arroz com feijão, nunca se alegrará com o caviar. Nada que você adquira na terra poderá oferecer a tão sonhada felicidade, pois esse sentimento deve ser desenvolvido em você desde já. Conquistas estão ligadas à realização, não à felicidade.

Aproveite a vida do jeito que ela se mostra para você hoje. Seja grato pelo que você tem neste momento. Sorria, pois quem é fiel no pouco que tem, muito ainda terá.

O lugar desejado

Não se engane: nem sempre o lugar desejado é o seu destino final. Infelizmente, conheci pessoas que chegaram lá, mas não ficaram muito tempo. O destino acabou sendo outro.

O lugar desejado exige um comportamento diferenciado para aqueles que querem morar por lá. Nesse lugar de abundância e honra, os moradores precisam ter algumas características.

Quando você vence, sentimentos inesperados surgem; feridas cicatrizadas abrem. O impressionante do *homo sapiens* é que isso acontece perdendo ou ganhando. Somos complicados e complexos!

Se você não for líder de si mesmo, suas emoções irão governar sobre você. E aí você se torna imprevisível.

Para permanecer no lugar desejado, você precisará cumprir estes princípios:

1. Para ser honrado, você precisa aprender a honrar

Já conheceu pessoas que querem sempre ganhar presente, mas nunca presenteiam ninguém? Da mesma forma, a lei de ouro é fazer pelos outros o que você gostaria que fizessem por você. Isso nunca sai de moda e serve para todas as áreas.

2. Andar uma milha a mais

> "Se alguém o forçar a caminhar com ele uma milha, vá com ele duas."
> – Jesus de Nazaré (Mateus 5.41)

Esteja sempre preparado para fazer mais do que foi pedido. Um coração disposto deixa muitas portas abertas.

Quando os vencedores chegam a esse lugar tão desejado, concluem que agora devem ser servidos por todos. Mas o que vai manter você no topo é continuar servindo.

3. Não abandone a humildade

É muito comum, quando conquistamos algo depois de tanta luta e labor, achar que logramos tal feito porque merecemos, porque demos todo o nosso suor etc. Geralmente, esses vencedores acabam abandonando a humildade. Mas, sem ela, você assina a garantia de ser expulso do lugar que você se esforçou tanto para chegar.

Um homem como Ayrton Senna não virou herói nacional apenas porque pilotava bem carros de Fórmula 1, mas, sim, porque, sendo um vencedor glorioso, nunca abandonou a humildade.

4. Valorize mais as pessoas, fale menos de você

Quando você chega ao lugar desejado, já passou por tanta coisa e venceu que agora quer ficar o tempo todo falando sobre suas vitórias. Mas ninguém fica do lado de um egocêntrico. Se você conquistou muitas coisas, as pessoas que estão ali escutando você também conquistaram. Dê preferência a elas.

Escute muito, fale pouco. Só conte as conquistas que forem ajudar aos outros. Abandone o sentimento de querer contar vantagens. Você não pode alimentar complexos estando nesse lugar.

Elogie, valorize e escute todos ao seu redor. Faça isso sempre.

5. Ame

"Ainda que eu dê aos pobres tudo o que possuo e entregue
o meu corpo para ser queimado, se não tiver amor,
nada disso me valerá."

– Paulo de Tarso (1 Coríntios 13.3)

O amor sempre vencerá e permanecerá para sempre.

Quando os conflitos vierem para tirar você do lugar desejado, sua arma secreta será o amor.

As pessoas perdem muito tempo discutindo sobre racismo, homofobia, direitos das mulheres etc. Não existe negro ou branco, homossexual ou hétero, gordo ou magro. O que existem são os seres humanos.

Se somos todos da raça humana, o que nos define é o amor. Um poder exclusivo de nossa espécie, tal como a arte de pensar.

Sua crença limitante sobre amar acima de tudo pode dar um prazo de validade no lugar desejado.

Não julgue. Expor suas ideias é mais eficaz do que impô-las.

CONCLUSÃO

Todos querem chegar ao lugar desejado. Poucos querem pagar o preço de ter um cocheiro que os guie até lá.

Concluo esta obra, revelando outro segredo:

A SUA SITUAÇÃO ATUAL É PARTE DO SEU CAMINHO, NÃO O SEU DESTINO.

Seja boa, seja ruim a vida que você leva hoje, não é disso que as pessoas se lembrarão. As pessoas só se lembram de como você termina, ou seja, do seu destino final.

Sr. Antônio sempre foi um pai exemplar, um excelente marido, um fiel companheiro, um homem de muitas virtudes. Todos gostavam dele, e ele era muito trabalhador. Nunca deixou faltar nada em casa. Por quarenta anos foi fiel a todos os seus princípios e valores. Um homem de respeito.

Certa vez, já aposentado, sr. Antônio estava no supermercado, sozinho, fazendo compras, quando encontrou uma antiga amiga de trabalho. Saíram para tomar um café e colocar o assunto em dia, mas essa conversa acabou em um motel. O problema foi que sr. Antônio teve um ataque cardíaco durante a única infidelidade conjugal de sua vida e acabou falecendo.

No enterro, ninguém se lembrava dos quarenta anos de fidelidade e dedicação de sr. Antônio. Ninguém mencionava as tantas coisas de que ele abriu mão na vida em prol da família e dos filhos. Todos só comentavam: "Olha o adúltero. Já devia ser um safado há muito tempo. Teve o que merecia".

> "O fim das coisas é melhor que o seu início."
> – Salomão (Eclesiastes 7.8)

As pessoas só se lembram de como terminamos.

O sábio rei de Israel diz em Eclesiastes que "o fim das coisas é melhor do que seu início". Não importa o que você faz, o que você vive hoje, as pessoas terão para sempre em sua memória o seu destino final, o seu lugar desejado.

Muitas coisas que planto hoje não são feitas pensando no amanhã, mas no meu fim. Isso é legado. O que deixarei nas pessoas!

Quero recomendar que você tenha um *coach*, alguém para dividir essa estrada da vida com você. Alguém que vai traçar planos e objetivos para que o seu fim seja melhor do que o começo.

Veja este versículo milenar:

"O seu começo parecerá modesto,
mas o seu futuro será de grande prosperidade" (Jó 8.7).

O lugar desejado é mais do que um ambiente onde você irá desfrutar sua vida; também serão as memórias ou a forma com que o mundo se lembrará de você!

Saia de onde você está e pegue a estrada rumo a esse lugar. Defina bem **onde** ele fica, com **quem** você quer chegar lá, **como** você fará isso, **quanto** isso custará a você e **quando** você quer chegar.

Neste livro, você pode crescer um pouco mais. Talvez seus olhos tenham sido abertos para coisas que você nunca enxergou. Seus pensamentos e ideias se expandiram. Valorize isso!

Agora chegou a hora de agir. Sair do lugar. Mover-se. Não para qualquer lado nem para qualquer lugar. Mas **rumo** ao destino final, rumo ao lugar desejado.

Espero vê-lo nessa estrada!

Paz e prosperidade,

Tiago Brunet

O QUE É O LUGAR DESEJADO?

Para alguns é a felicidade; para outros, o sucesso financeiro.

Para os da fé, o céu é o lugar mais desejado. Para quem vive na miséria de países como Bangladesh, comer uma refeição por dia é o topo da montanha.

A verdade é que não se trata de aonde você quer ir, mas de COMO chegará lá. Não se trata do que você quer TER, mas no que você irá se transformar quando conseguir o que quer.

Este é o primeiro livro de uma série que escrevo que ajudarão você a construir as pontes sobre os rios que tentam afogá-lo pelo caminho.

Todos querem algo! O que você quer? Pode ser que você queira realização pessoal, ser reconhecido por seu trabalho, superar algum tipo de rejeição na infância ou matar o complexo de inferioridade que persegue você há tempos. Todavia, quando se está nesse processo, nessa busca pelo crescimento, as águas da vida parecem que vão submergir o seu futuro.

Tudo parece distante. Uma estrada sem fim!

Já se sentiu assim?

Não adianta você se despertar com esta leitura, começar a desejar algo mais, sair da zona de conforto e entrar na estrada rumo ao lugar desejado se você não estiver disposto a CONTINUAR o treinamento.

"Como assim?", você deve estar se perguntando.

Sim, caro leitor. Você acaba de entrar em um treinamento. Ele não termina com este livro, na verdade está apenas começando.

O treinamento nunca acaba para quem quer ser sempre o melhor.

Os conformados se acostumam com o mínimo de sucesso. Mas existem pessoas que não querem parar na metade, pois sabem que uma geração dependerá do que você vai produzir.

Já imaginou se José do Egito acostumasse com a casa de Potifar e achasse que ali já estava bom o suficiente?

Uma geração inteira morreria de fome.

A casa de Potifar pode te dar conforto, mas é somente estando no trono que você realmente alimenta quem está com fome.

Lembre-se: você não está nessa estrada por causa de você, e, sim, por todos que irão ser beneficiados com sua vitória.

Por isso siga estes conselhos:

1. Seja coerente

Sua necessidade deve ser suprida pelos estudos corretos.

Certa vez perguntei a um jovem que assistia uma de nossas palestras: Qual é a sua maior necessidade?

Ele respondeu: Financeira

Retruquei: Qual foi o último livro que você leu?

Ele disse: Harry Poter.

Isso é incoerência.

Queremos chegar em um lugar, desejamos saciar uma necessidade, mas nosso preparo está na direção oposta.

Em quê um livro de ficção e bruxas pode me ajudar financeiramente?

Alinhe seus estudos e treinamentos com as suas reais necessidades.

Se o problema é emocional, faça cursos nesta área, visite profissionais do ramo, leia livros do Augusto Cury, Daniel Goleman e outros grandes mestres da psicologia e psiquiatria.

Assista a palestras e seminários em que os temas esclareçam as suas perguntas interiores.

No livro **12 Dias para Atualizar sua Vida**, obra que dá sequência a esta, eu reforço alguns pontos vitais para uma vida relevante. Gostaria que você lesse esse livro várias vezes, como parte desse treinamento de vida. Você irá descobrir coisas importantíssimas para seguir na estrada da vida. Coisas como seu proposto de vida, o poder de ter um mentor, os códigos da sabedoria e como comunicar-se bem. Entre outros assuntos, nosso próximo livro, irá atualizá-lo para que você viva e viva bem em um mundo de constantes mudanças. 12 dias, um capitulo por dia. O desafio está lançado.

2. Fuja das distrações

Imagine se um piloto de Fórmula 1 que está correndo a 300 km por hora rumo ao lugar desejado, que é o pódio, se distrai com um cartaz que algum fã está segurando na arquibancada.

Uma olhadinha para o lado pode gerar um acidente fatal.

Assim foi com o rei Davi. No tempo em que os reis saíam para a guerra, Davi resolveu ficar em casa. Em um passeio pelo terraço do palácio, ele dá uma olhadinha para o lado. Resultado: um dos maiores escândalos de Israel iniciou-se nesse dia.

Milhares de israelitas morreram, pagando com a própria vida pelo erro do rei.

Quando se está rumo ao lugar desejado, distrair-se não é uma opção.

Certa vez fui ministrar um seminário em Las Vegas, nos Estados Unidos. Porém o meu voo era para Los Angeles, cidade a cinco horas de distância de carro.

Resolvi alugar um carro e enfrentar a estrada. Coloquei o endereço no GPS e então confirmei que em cinco horas e 12 minutos eu estaria no meu destino.

Peguei a rodovia e junto com um companheiro de viagem começamos nossa jornada. uma hora depois avistamos uma excelente e famosa cafeteria do lado oposto em que estávamos. A vontade de tomar café foi maior que a preguiça de retornar cerca de 1,5 km.

Retornamos e fomos tomar o cafezinho.

Minutos depois voltamos para a estrada, fizemos o retorno para o sentido original e seguimos viagem. Passaram-se cerca de 45 minutos e vimos uma famosa rede de hambúrgueres que só existe na Califórnia.

Perguntei ao meu companheiro de viagem se ele estava com fome. Ele disse que não. Eu também não estava. Mas enfim, aquela hamburgueria só existia naquele estado. Vamos aproveitar a oportunidade, né?

Concordamos.

Comemos mesmo sem fome, tiramos foto para postar nas redes sociais… uma festa!

Conclusão da história. Chegamos em Las Vegas em 13 horas.

Isso mesmo, uma viagem que levaria cinco horas, com um pouco de distração, levou 13.

A distração pode até não ser pecado. Mas no mínimo fará você chegar atrasado ao destino final.

Quem se distrai não tem foco; e foco, segundo Steve Jobs, é saber dizer não.

Diga não a tudo que vai atrasar sua chegada ao pódio!

Um de meus mentores me ensinou a seguinte frase:

"A distração é destruição dos seus sonhos em câmera lenta" (Dale Bronner)

3. A equipe faz a diferença

Voltando ao assunto da Fórmula 1, você já reparou que o melhor piloto do mundo, quando muda de equipe, cai de posição?

Grandes pilotos que eram os TOP 3 do mundo na Ferrari, quando foram para equipes como a Benetton, ficaram em oitavo no *ranking* anual.

Qual a real interferência de uma equipe na corrida da vida?

Deus, já conhecendo a largada e a chegada dessa corrida, confiou a você pessoas. Sua família, seus amigos e colegas de trabalho. Essa é a equipe que irá definir se você chega em primeiro ou sequer se irá completar a corrida.

Estar na estrada rumo ao lugar desejado exige cuidados. Afinal de contas, do que adianta você ser o piloto mais rápido se estiver indo na direção errada?

É a sua equipe que orienta, equilibra e sustenta você nessa exaustiva corrida.

Valorize sua equipe, honre quem torna sua vida mais fácil.

Seja coerente, focado e parte da equipe.

Finalizando....

Acredito que esta leitura preparou você para olhar novos horizontes. Agora que você consegue ver um pouco mais do futuro, encerro com uma palavra que fez a diferença na minha vida:

TELESCÓPIO

Você sabe para que serve um telescópio?

Ele amplia as coisas e torna visível o que seria impossível ver a olho nu.

Existem pessoas e livros que serão telescópios em sua vida!

Pague o preço que for para tê-los sempre perto de você.

Eu li livros que me fizeram sonhar com o que vivo hoje. Caminhei com pessoas que me mostraram o que eu nunca tinha visto.

Quem é o seu telescópio?

Quem amplia sua visão e te mostra o que você não pode ver?

Na estrada RUMO AO LUGAR DESEJADO isso fará toda a diferença.

Eu desejo Paz e Prosperidade.

Até o próximo livro. Até o próximo treinamento!

— Tiago Brunet

REFERÊNCIAS BIBLIOGRÁFICAS

Bíblia King James. São Paulo: Abba Press, 2013.

Bloch, Vicky; Almeida, João Mendes; Visconte, Luiz. **Coaching executivo**. Rio de Janeiro: Elsevier, 2011.

Brunet, Tiago; Pedrini, Nayra. **Manual do peregrino:** Terra Santa. Rio de Janeiro: LAN, 2013.

Burton, Kate. **Coaching com PNL para leigos**. Rio de Janeiro: Elsevier, 2012.

Cook, Marshal J.; Poole, Laura. **Manager's Guide to Effective Coaching**. Columbus: McGraw-Hill, 2011.

Cury, Augusto. **FreeMind**. Tese de doutorado pela Florida Christian University, 2013.

_____. **Inteligência multifocal:** análise da construção dos pensamentos e da formação de pensadores. São Paulo: Cultrix, 1999.

_____. **Pais inteligentes formam sucessores e não herdeiros**. São Paulo: Benvirá, 2014.

Hybels, **Bill. Liderança corajosa. São Paulo: Vida, 2008.**

KIMSEY-HOUSE, Henry; KIMSEY-HOUSE, Karen; SANDAHL, Philip. **Coaching coativo:** mudando negócios e transformando pessoas. São Paulo: Évora, 2015.

KOTLER, Philip. **Marketing 3.0:** as forças que estão definindo o novo marketing centrado no ser humano. Rio de Janeiro: Elsevier, 2010.

MARQUES, José Roberto. **Leader coach:** coaching como filosofia de liderança. São Paulo: Ser Mais, 2012.

MAXWELL, John C. **O livro de ouro da liderança.** São Paulo: Thomas Nelson, 2011.

NAVARRO, Roberto. **Coaching financeiro:** a arte de enriquecer. Rio de Janeiro: Momentum, 2014.

NEWBERRY, Tommy. **El éxito no es casualidad.** Carol Stream: Tyndale House, 2008.

PAIVA, Luiz Augusto; MANCILHA, Jairo; RICHARDS, John. **Coaching passo a passo.** Rio de Janeiro: Qualitymark, 2012.

ROBBINS, Anthony. **Poder sem limites:** o caminho do sucesso pessoal pela programação neurolinguística. São Paulo: BestSeller, 2010.

WHITMORE, John. **Coaching para aprimorar o desempenho.** São Paulo: Clio, 2012.

WOLK, Leonardo. **Coaching:** a arte de soprar brasas em ação. Rio de Janeiro: Qualitymark, 2013.

FAÇA PARTE DO CLUBE DE INTELIGÊNCIA!

Muita gente me pergunta como podem ser treinados e mentoreados por mim. A forma mais rápida e simples é tornando-se aluno do CID, o Clube de Inteligência e Desenvolvimento.

O CID é uma escola de vida que prepara você em assuntos como inteligência emocional para o dia a dia, comportamento e temperamentos, excelência financeira, como montar sua rede de contatos (*networking*) e tantos outros temas que estão revolucionando a vida de milhares de pessoas.

Você pode fazer parte do nosso clube hoje mesmo acessando:

WWW.CLUBEDEINTELIGENCIA.COM.BR

FAÇA PARTE DO CLUBE DE INTELIGÊNCIA!

Muita gente me pergunta como podem ser treinados e mentoreados por mim. A forma mais rápida e simples é tornando-se aluno do CID, o Clube de Inteligência e Desenvolvimento.

O CID é uma escola de vida que prepara você em assuntos como inteligência emocional para o dia a dia, comportamento e temperamentos, excelência financeira, como montar sua rede de contatos (*networking*) e tantos outros temas que estão revolucionando a vida de milhares de pessoas.

Você pode fazer parte do nosso clube hoje mesmo acessando:

WWW.CLUBEDEINTELIGENCIA.COM.BR

Se você sonha em ir além e entrar em outro nível de crescimento pessoal, faça os nossos cursos de *coaching* e múltiplas inteligências presencialmente.

Você precisa conhecer o *Instituto Destiny*.

Nosso instituto foi criado para treinar e educar esta geração empreendedora que não tem medo de chegar ao topo.

Nossos cursos de liderança são reconhecidos internacionalmente e estamos filiados a grandes associações internacionais.

Conheça nosso cursos e eventos em:

www.institutodestiny.com.br

Esta obra foi composta em *Adobe Caslon Pro*
e impressa pela Gráfica BMF sobre papel
Pólen Natural 80 g/m² para Editora Vida.